Joseph Weizenbaum

Wer erfindet die Computermythen?

D1869904

HERDER / SPEKTRUM
Band 4001

Das Buch

Spart der Computer wirklich Zeit? Dient er dem Menschen und macht das Leben leichter? Joseph Weizenbaum, weltberühmter Informatiker und prominentester Computerkritiker, blickt hinter die Kulissen. Er sagt, wo die „Computermythen" zu Lügen werden. Er informiert und zeigt, wie sehr der Computer unser Leben und unser Denken bestimmt. Was steckt hinter der sogenannten „virtuellen Realität"? Was bedeutet „künstliche Intelligenz"? Wie werden Erkenntnisse der Computerwissenschaft für die Rüstung eingesetzt? Weizenbaums Analysen sind präzis und provokativ. Denn sie zeigen: Wir alle sind mitbeteiligt daran, wie unsere Gesellschaft aussieht, welche Prioritäten sie setzt – auch wenn wir es manchmal nicht wissen wollen. Die Computertechnik ist ein Symptom unserer Gesellschaft. Weizenbaum rät zur Skepsis, die produktiv wird und die dazu führt, eine menschlichere Welt zu gestalten. Eine Welt, die nicht aufgeteilt ist in binäre Systeme, in Entweder-oder-Schemata, sondern in der Verschiedenheiten sich entfalten können, in der der Menschlichkeit der wirklichen Begegnung und dem wirklich moralischen Verhalten Raum gegeben wird. Denn wir alle können etwas tun, jede und jeder einzelne kann sich entscheiden, das Tun und das eigene Sein verbinden. Das Buch für alle, die den Computer nicht missen wollen und doch nicht immer ein gutes Gefühl dabei haben.

Der Autor

Joseph Weizenbaum, geb. 1923 in Berlin, emigrierte in die USA. Professor für Computerwissenschaften am MIT in Cambridge, USA. Zahlreiche Veröffentlichungen und breite Vortragstätigkeit im deutschsprachigen Raum.

Die Herausgeberin und Gesprächspartnerin
Gunna Wendt ist Journalistin und lebt in München.

Joseph Weizenbaum

Wer erfindet die Computermythen?

Der Fortschritt in den großen Irrtum

Herausgegeben von Gunna Wendt

Herder
Freiburg · Basel · Wien

Originalausgabe

Alle Rechte vorbehalten – Printed in Germany
© Verlag Herder Freiburg im Breisgau 1993
Herstellung: Freiburger Graphische Betriebe 1993
Umschlaggestaltung: Joseph Pölzelbauer
Umschlagmotiv: Stock Imagery, © Bavaria Bildagentur 1993
Autorenfotos: Gunna Wendt, © Hilde Zemann;
Joseph Weizenbaum © Gunna Wendt
ISBN 3-451-04192-8

Inhalt

Vorwort

„Wie viele Millionen Menschen gibt es heute, und wie viele Gespräche finden jetzt gerade statt, und wie lange ist das schon der Fall, also Tausende von Jahren, und wir haben immer noch etwas zueinander zu sagen!" Diese Worte von Joseph Weizenbaum führen uns mitten hinein in das vorliegende Buch, thematisch und formal. Wer Joseph Weizenbaum kennt, weiß, wie wichtig für ihn das Gespräch ist. Vor jedem seiner Vorträge fordert er das Publikum auf, im Anschluß an seine Ausführungen Fragen zu stellen, und betont, wie sehr er sich auf den Dialog freut. In dieser Aufforderung, in diesem Wunsch wird nicht nur das Interesse am Gegenüber deutlich, sondern auch eine Hoffnung darauf, daß im Dialog etwas Neues entstehen wird, was es vorher nicht gegeben hat und was es ohne diese Begegnung nicht geben würde. Ein Gespräch verbindet in einzigartiger Weise Konzentration und Spontaneität miteinander. Allerdings ist nicht jeder verbale Austausch zwischen zwei (oder mehr) Menschen ein Gespräch. Leider wird das Wort „Gespräch" heute oft unbedacht benutzt, zum Beispiel auf Interviews angewandt, in denen der Interviewer von vornherein eine feste kontroverse Scheinposition einnimmt, oder auf Montagen von Statements, wie es der Abschnitt „Ein virtuelles Gespräch" illustriert. Für Weizenbaum war Gespräch schon ein frühes Thema in seiner Auseinandersetzung mit dem Computer. 1966 entwickelte er sein Programm ELIZA, das erlaubte, mit einem Computer ein „Gespräch" zu führen. Dieses Programm, ein Meilenstein in der Geschichte der

Künstlichen Intelligenz, wollte Weizenbaum als Parodie eines Psychiater-Patienten-Gesprächs verstanden wissen. Nicht wenige praktizierende Psychiater betrachteten es jedoch als Möglichkeit, sich ihre Arbeit durch Automatisierung erleichtern zu lassen. Ein Computerprogramm sollte ihre Rolle übernehmen. In seinem Buch „Die Macht der Computer und die Ohnmacht der Vernunft" stellt Weizenbaum dazu die Frage: „Was muß ein Psychiater mit solchen Vorstellungen für eine Auffassung davon haben, was er in der Behandlung eines Patienten eigentlich tut, wenn in seinen Augen die einfachste mechanische Parodie einer einzelnen Interviewtechnik das ganze Wesen einer menschlichen Begegnung erfaßt hat?" Diese Frage führt uns direkt zu der sich immer mehr ausbreitenden Tendenz, das Abbild einer Sache, also eine Abstraktion, nicht nur als ebenso wichtig wie die Sache zu betrachten, sondern schließlich sogar für die Sache selbst zu halten. Es ist ein folgenschweres Mißverständnis, die in den Naturwissenschaften entwickelten theoretischen Modelle zur Veranschaulichung von Naturphänomenen als die Naturphänomene selbst anzusehen. Diese gefährliche Verwechslung ist vielleicht ein Grund für die fortschreitende Zerstörung von Natur und Umwelt, die beinahe als unvermeidbar hingenommen wird. Da der Mensch sein Modell beherrscht, glaubt er, auch die Natur zu beherrschen. Aber in diesem Sinne manipulierbar ist nur das Modell, nicht die Natur.

Das Mächtigerwerden des Abstrakten führt dazu, daß in unserem Alltag immer häufiger Äußerungen wie die folgende auftauchen: Unsere Kinder wissen heute durch das Fernsehen viel mehr von der Welt, als wir es in ihrem Alter gewußt haben. Der darin implizierte Begriff von Wissen schließt Erfahrung aus. Die besondere Rolle der Erfahrung im Erkenntnisprozeß wird ignoriert, ihre Wahrnehmungsqualität verleugnet.

In Kunst und Literatur wurde eine zunehmende Entfremdung von der Lebenswirklichkeit schon früh thematisiert. Man denke an die Hauptwerke des Existentialismus und an Nicolas Borns großen visionären Roman „Die Fälschung", der Ende der siebziger Jahre erschien. Am Beispiel eines Kriegsberichterstatters im Libanon beschreibt Born eine verfälschte, durch Medien gefilterte und von der eigenen Erfahrung abgetrennte Wahrnehmung, die die Welt verkürzt auf Codes und Programme. Der Mensch verkommt zum Voyeur, bleibt Zuschauer, dort, wo er eigentlich Teilnehmer sein sollte. Die Unfähigkeit, Dinge, Situationen, Begegnungen *wirklich* zu erfahren, wird als immer bedrohlicher empfunden und gipfelt schließlich darin, sich selbst nicht mehr als lebendig zu erfahren. Dann ist der Roboter, der künstliche Mensch nicht mehr weit.

Was tun? Läßt sich eine einmal begonnene Entwicklung aufhalten? Joseph Weizenbaum appelliert an die Verantwortlichkeit des einzelnen Menschen und nennt Skepsis als eine notwendige Haltung. Sie zieht sich leitmotivisch durch das Gespräch. Man kann sie nicht manchmal einschalten, anknipsen, und dann wieder abdrehen. Sie wird, wenn sie sich als Haltung entwickelt hat (oder als Haltung entwickelt wurde), in allen Lebensbereichen zum Tragen kommen, im politischen Kontext ebenso wie in der Konfrontation mit den Mythen der Computergesellschaft. „Alles hängt mit allem zusammen", sagt Weizenbaum in diesem Gespräch, eine Aussage, die Konsequenzen hat für sein Selbstverständnis als Wissenschaftler: Fragen der Ethik sind für ihn nicht zweitrangig, sondern seiner wissenschaftlichen Arbeit immanent und daher nicht davon zu trennen.

Diese Haltung ist in Weizenbaums eigenen Erfahrungen, in seiner Lebensgeschichte begründet. 1936, als Dreizehnjähriger verließ der in Berlin Geborene mit seiner Familie Hitlerdeutschland und emigrierte nach Amerika. Schon früh wurde er in die Rolle des Außenseiters gedrängt, der sein Anderssein als Chance begriff, sich als selbstbestimmtes Individuum zu behaupten und bestehende Widersprüche offen zu leben. So ist er heute Angehöriger der naturwissenschaftlichen Elite Amerikas und gleichzeitig Dissident. Ein Dissidententum, so wie er es versteht, bedeutet ein ständiges Wachsein gegenüber der Macht und die Ausübung einer Zivilcourage, die im Alltag in scheinbar unwichtigen Situationen beginnt. Es ist notwendig, Gespräche darüber nicht enden zu lassen.

Cambridge/München, Januar 1993 *Gunna Wendt*

Herr Weizenbaum, Sie sagen, die sogenannte Ohnmacht des einzelnen sei vielleicht die gefährlichste Illusion, die ein Mensch überhaupt haben könne. Das ist ein provozierender Gedanke.

Nicht für Menschen, die diese Illusion nicht gehabt haben oder nicht haben, für die ist das keine neue Einsicht oder etwas, das sie verändert.

Aber das sind nicht viele. Fast jeder wird es akzeptieren, wenn ich sage, als einzelner kann ich nichts tun. Sie würden es nicht akzeptieren?

Nein, überhaupt nicht.

Wo liegen die Chancen des einzelnen?

Die muß jeder für sich selbst finden. Und sie lassen sich für den einzelnen nicht eindeutig festlegen. So ganz allgemein: Die verbreitete Denkart, eine klare Linie zu ziehen und dann zwischen A und B, zwischen Gut und Böse zu unterscheiden, entsteht oft aus Faulheit. Und sie ist meist Betrug oder Selbstbetrug. Dazu will ich ein bestimmtes Beispiel geben. Das Beispiel ist die Frage: Wann hört der Tag auf, und wann fängt die Nacht an? Wo ist die Linie, die diese zwei Sachen teilt. Die Engländer könnten vielleicht sagen: „It's the cocktail hour", fünf Uhr oder wenn die Sonne da hinter dem Berg untergeht. Nehmen wir die Sonne, die hinter dem Berg untergeht. Wann das geschieht, hängt davon ab, wo man sitzt. Das ist für jeden Menschen verschieden. Oder man kann einfach sagen: zehn Uhr abends. In jedem Fall ist es willkürlich, ganz willkürlich. Man kann keine feste Linie zeichnen, die für alles gilt. Doch eins ist sicher: wir wissen, daß Mitternacht Nacht ist und daß Mittag Tag ist. Wenn man auch nicht genau die Grenzen weiß, so bedeutet es doch nicht, daß man ganz verloren und orientierungslos ist.

Wo muß ich mich als einzelner zumindest für mich selber einsetzen?

Der Mensch ist am engsten mit den Menschen verbunden, denen er in die Augen sehen kann, wenn er spricht, oder die er anfassen kann. Alles fängt in seiner eigenen Umgebung an. Es gibt Menschen, zum Beispiel Lehrer, die das Glück haben, viele direkt ansprechen zu können. Für mich bedeutet das, daß sie potentiell eine große Macht haben und deswegen eine große Verantwortung. Das allerbeste, das allerschönste, das einem Lehrer passieren kann – ich habe es vier, fünf, sechs, siebenmal erfahren – das ist, von jemandem einen Brief zu bekommen: man könnte sagen, es ist ein „form letter", sie sind alle in einem gewissen Sinn gleich. Der Brief fängt an: „Lieber Professor Soundso, Sie werden sich sicher nicht an mich erinnern, aber ich war in Ihrer Klasse vor vielen Jahren, und Sie sollen wissen, daß Sie mein Leben verändert haben." Dann fragt man sich natürlich, wie habe ich dieses Leben verändert? Es kann sein, daß es gerade durch die Art der Beantwortung einer bestimmten Frage geschah oder weil ich eine Frage ernst genommen habe, die andere Leute immer lächerlich gefunden haben. Das wichtige dabei ist – deswegen erwähne ich es hier – daß ich in diesem Moment nicht vorhatte, das Leben von jemandem zu ändern. Ich wußte gar nicht, daß gerade diese Art, die Frage zu beantworten, ein so großes Gewicht haben könnte. Als Lehrer kann ich nie wissen, wann ich das Leben von jemandem verändere. Deswegen muß ich mich immer so verhalten, als ob diese Möglichkeit besteht. Ich glaube, dasselbe gilt für jeden Menschen. Der Mensch, der eben nicht Universitätsprofessor ist, die Mutter von kleinen oder größeren Kindern, der Liebhaber – ganz einfach Menschen – dasselbe gilt für sie!

Viele Menschen haben aber gar nicht dieses notwendige Bewußtsein von sich selbst. Ich habe früher einmal mit meinen Kindern ein Spiel gemacht. Vier Kinder sitzen beim Abendessen um den Tisch herum, und es taucht die Frage auf: Was ist für euch, also für jedes einzelne der vier Kinder, das wichtigste lebende Wesen in der ganzen Welt? Wir hatten Zettel, da sollte man es aufschreiben. Eine hat geschrieben: das Pferd. Da habe ich gesagt: „Nein, nein, es soll nicht so etwas Allgemeines sein. Wenn es ein bestimmtes Pferd ist, dann hat das Pferd einen Namen. Ich meine, welches einzige lebende Wesen ist das wichtigste für euch?" Es hat dann nicht lange gedauert, bis alle vier Kinder darauf gekommen sind, daß sie das selbst sind. Das allerwichtigste lebende Wesen eines Menschen ist dieser Mensch selbst. Nun folgt die Frage: Hat man Macht über sich selbst? Viele Leute haben diese Macht, die sie über sich selbst haben, abgetreten. Sie gehen einfach durch das Leben, machen eben, was heute gemacht werden muß. Erwachsen sein, reif sein, to be mature, das fängt an mit dem Bewußtsein, daß man über sich selbst bestimmen kann. Ich meine damit nicht, daß man bestimmen kann, jetzt gehe ich schlafen oder nicht, sondern auf einer viel wichtigeren Ebene: daß man selbst denken kann, daß das, was Mutter und Vater sagen, nicht absolut sein muß, daß man auch anders denken kann. Das bedeutet die Ausübung der Macht über sich selbst. Und wenn man da annimmt, daß man ohnmächtig ist, dann hat man sich in eine Puppe verwandelt.

Dann ist man es ja auch tatsächlich.

Ja, „the self-fulfilling prophecy".

Sie haben an anderer Stelle geschrieben, daß sich jeder einzelne so verhalten sollte, als hinge das Wohl der ganzen Menschheit von ihm ab. Eine Vorstufe – und eine wesentliche – wäre ja schon, sich so zu verhalten, als hinge das eigene Wohl von ihm ab.

Ich war einmal zu Besuch in einem Gymnasium in Berlin. Die Schüler hatten etwas von mir gelesen und waren vorbereitet, daß ich komme, und dann hatten wir ein Gespräch. Ein Mädchen nahm gerade diese Passage und fragte: Wenn man so leben muß, als ob das Schicksal der ganzen Welt von einem abhängt, leitet man dann nicht so einen Wahnsinn ein wie Hitler zum Beispiel? Auf diese Frage bin ich selbst nicht gekommen. Es hat mich gefreut, daß ein junges Mädchen so tief darüber nachgedacht hat. Ich mußte die Frage so beantworten, daß das sein könnte. Was ich aber dabei meinte, ist, daß man die Verantwortung übernimmt, nicht daß man glaubt, man bestimme das Schicksal der Welt und deswegen könne man alles machen und die anderen müssen ausweichen. Nein, man muß so verantwortlich sein, als ob das Schicksal der Welt von einem abhängt, und wie Sie sagen, die Welt fängt mit mir selbst an. Ich darf nicht sagen, ach, es macht ja nichts aus, „it doesn't matter." Alles macht etwas aus! Das bedeutet natürlich nicht, daß man ohne Humor leben muß und ganz bestimmt nicht – und das ist sehr wichtig – daß man sein Verhalten ständig kalkulieren muß oder soll.

Verantwortung schließt ja auch Fehler ein und den Mut, ein Risiko einzugehen. Das muß ich immer eingehen, wenn ich etwas tun will.

Außerdem: was heute als Fehler erscheint, kann sich morgen als eine gute Tat erweisen. Denn nicht ohnmächtig zu sein – es gefällt mir nicht zu sagen „mächtig zu sein" – bedeutet nicht, fehlerfrei zu sein oder alles erst einmal so furchtbar nachdenklich anzugehen, also nicht frei zu sein. Und ganz bestimmt bedeutet es nicht, jedenfalls für mich, den Humor des Lebens zu verlieren, „sense of humour". Es distanziert, und oft sieht man durch einen guten Witz die Dinge in einem anderen Licht. Man muß auch mit sich selbst Witze machen können. Ich meine MACHEN, nicht nur erzählen. Ganz nebenbei: Ich glaube, der Witz ist eine der kreativsten Formen des menschlichen Ausdrucks. Es ist erstaunlich, wenn man nachdenkt, ob man jemals einen Witz gemacht hat. Wir erzählen Witze, die wir gehört haben, aber wie oft macht man einen Witz? Es sind nur kreative Leute, die tatsächlich Witze machen. Es ist sehr schön, wenn man entdeckt, daß man einen Witz gemacht hat. Es ist wirklich ein großer Erfolg.

Was mir aufgefallen ist: Das Gegenteil von Ohnmacht ist schwer in ein Wort zu fassen. Macht ist es nicht. Und Stärke auch nicht. Es ist etwas anderes.

Das ist auch eine kleine Einsicht: Man muß ja nicht ein Wort für irgendeine Sache finden. Manchmal hilft es vielleicht. Aber um über eine Sache zu reden, muß man sie nicht definieren. Wir können über viele Sachen reden, die wir kennen, aber die wir nicht definieren können. Zum Beispiel: die Liebe.

Es ist nun so, daß heutzutage allgemein die Tendenz besteht, sich in diese Ohnmacht fallen zu lassen und nicht einmal über die eigenen Belange zu entscheiden. Wenn man sich anschaut, für welche Entscheidungen Experten erfunden worden

sind ... Der Experte in der heutigen Form ist ja eigentlich eine Erfindung!

Und ist eine Konsequenz der Teilung unserer Lebenswelt. Wir können alles analysieren, d. h. in kleine Stücke aufteilen, und dann gibt es für jedes kleine Stück einen Experten. Da ist zum Beispiel der menschliche Körper, da ist das Herz, da sind die Augen, und für jeden Teil des Körpers gibt es einen ganz besonderen Spezialisten. Dann gibt es Leute, die Experten sind in Sachen Ehe und gebrochene Ehe und für alles mögliche. Dieses Denken ist ein Erbe des großen Siegeszuges der Naturwissenschaft, die darauf begründet ist, daß alles analysiert werden kann. Das ist ein tiefer Glaube in der Welt. Es ist interessant, daß die Physik jetzt eine ganz andere Auffassung hat. Quantenmechanik bedeutet, daß eben nicht alles in kleine Teilchen aufgegliedert werden kann.

WISSENSCHAFT UND RELIGION

In welchem Verhältnis stehen die anderen Wissenschaften zu diesem Denken?

Die Humanisten und die Künstler stehen auf und sprechen über Quantenmechanik und sind so stolz, daß die Physik endlich auch begründet hat, daß die Welt nicht so ist wie der Reduktionismus sie sieht, sondern daß sie vielmehr so ist, wie der Künstler sie sieht. Was mir daran auffällt, ist, daß sie dadurch selbst zu Naturwissenschaftsanbetern oder -gläubigen werden. Warum brauchen sie das? Warum soll man sich freuen, daß gerade die Naturwissenschaft es auch entdeckt hat und dies als Begründung benutzen? Es reicht doch, daß man es einfach weiß! Es ist schön, daß die Physiker endlich dazu gekommen sind, aber das sollte man nicht als die endgültige Unterstützung ansehen. Ich habe so eine Phantasie: Stellen wir uns eine Kneipe im alten Westen vor: Western Saloon in einem typischen Hollywood-Western. Da sieht man die zwei, drei jungen Frauen, die an der Bar stehen und die zu kaufen sind, und den Besoffenen da drüben. In der Ecke, da ist ein großer runder Tisch, an dem sitzen die Leute und spielen Poker. Ganz Klischee. Jetzt kommt jemand herein, der ein Schachbrett unter seinem Arm hat. Er sieht sich das „Pokergame" an und sagt in der Pause: „Wissen Sie, ich habe ein Spiel hier, das Sie vielleicht auch interessieren würde." Dann öffnet er das Brett und zeigt, wie man Schach spielt. Die anderen versuchen es und fangen an, es zu begreifen. Zwanzig Minuten gehen vorbei, dann fragt jemand: „Aber Sie haben gesagt, daß Sie ein Spiel haben, das uns interessieren würde. Wo ist das Spiel?" – Er antwortet: „Das ist das Spiel." – „Nein, das kann doch nicht sein. Wo sind die Karten?" – Wenn man Spiel als Kartenspiel versteht, dann ist Schach kein Spiel. Genauso ist es mit der Frage, ob etwas wissenschaftlich ist oder nicht. Genauso schützt sich die Wissenschaft vor Kritik. Jedes Argument, wenn es nicht selbst wissenschaftlich ist, wird einfach nicht angenommen. Ein Spiel, das ohne Karten ist, ist kein Spiel. Das bedeutet natürlich, daß die Wissenschaft sich gegen jede unwissenschaftliche Kritik, z. B. humanistische oder religiöse, immun macht. Das sollte man wissen!

Ist sie dann nicht fast eine Religion?

Ja, nicht nur fast. Ich glaube wirklich, daß die Naturwissenschaft, in den westlichen Ländern jedenfalls, heute alle Merkmale einer organisierten Religion hat. Da gibt es Novizen, das sind die Studenten in den Universitäten. Da gibt es

Priester, das sind die jungen Professoren, dann gibt es Monsignores, das sind die älteren. Es gibt Bischöfe und Kardinäle, und es gibt Kathedralen. Meine eigene Universität, Massachusetts Institute of Technology (MIT), ist eine Kathedrale innerhalb der Naturwissenschaft. Es gibt sogar Päpste und auch – das ist sehr wichtig – Häretiker. Die Häretiker werden bestraft, genauso wie die Häretiker einer alten Religion: Sie werden ausgestoßen. Und wenn man schließlich als Häretiker anerkannt ist, dann wird auch behauptet: Der war doch nie ein richtiger Wissenschaftler! Das alles gibt es. Und dann gibt es die große Masse der Gläubigen. In diesem Sinn besteht überhaupt kein Unterschied zwischen Naturwissenschaftsglauben und dem Glauben an die Lehre der katholischen Kirche im Mittelalter. Das will ich bestätigen: Ich spreche vor einem Publikum und frage: „Wer glaubt, daß die Erde sich um die Sonne dreht?" Das sind fast alle. Und dann frage ich: „Wer glaubt umgekehrt, daß die Sonne sich um die Erde dreht?" Das war doch der Glaube von Tausenden von Jahren vorher. Da meldet sich niemand. Dann frage ich: „Warum glauben Sie, daß die Erde sich um die Sonne dreht? Sie sehen doch jeden Tag, daß sich die Sonne bewegt. Sie sitzen unter einem Sonnenschirm, und in einer halben Stunde müssen Sie sich woanders hinsetzen, weil der Schatten weg ist. Die Sonne hat sich bewegt. Das sehen Sie mit Ihren eigenen Augen, jeden Tag, und trotzdem glauben Sie, daß sich die Erde um die Sonne dreht. Wer von diesen fünfhundert Menschen, die hier sitzen, kann irgendwie ein Argument liefern, das bestätigt oder beweist, daß es die Erde ist und nicht die Sonne, die sich bewegt?" Nur wenige können es. Aber alle glauben es fest, wirklich fest. Was ist dieser Glaube? Dieser Glaube ist nichts anderes als ein Glaube an Autorität. Die Wissenschaft sagt, daß die Erde sich bewegt, und nicht die Sonne, d. h. die Priester sagen es, und die Kirche sagt es, deswegen glaube ich es. Es ist ganz genauso wie vor fünfhundert Jahren: Da wird von dem Feuer in der Hölle gesprochen. Die Seele kann entweder hoch steigen oder tief fallen. Das glaubte man genauso fest, wie wir heute die heliozentrische Hypothese glauben, daß die Sonne im Zentrum unserer Welt ist. Es ist nur ein ganz einfaches Beispiel. Wir sind so weit, daß man heute keine Zahnpasta verkaufen kann, ohne Reklame damit zu machen, daß die Wissenschaft zeigt, daß das die beste Zahnpasta ist. Wirklich, heute ist die Wissenschaft zu einer Weltreligion geworden, und die allermeisten Gläubigen glauben einfach blind. Als Dogma.

Die Vertreter dieser Religion fordern ja auch zunehmend diesen blinden Glauben. Nehmen wir Veröffentlichungen wie Marvin Minskys „MENTOPOLIS". Minsky zweifelt nicht daran, daß das Gehirn eine Maschine ist, deren Einzelteile nach physikalischen Gesetzen funktionieren. Das, was man „Geist" nennt, ist nur ein komplexer Prozeß: Er setzt sich aus kleinen Teilen zusammen, die jedes für sich ohne Geist sind. Minsky stellt die Forderung auf, sich auf sein System einzulassen, ohne überhaupt eine Begründung dafür zu liefern, warum es sinnvoll ist. Warum soll ich jemandem glauben, der ankündigt, er werde später alles beweisen, zum Beispiel, daß der menschliche Geist wie eine Maschine funktioniert? Da wird von Anfang an eine Unterordnung gefordert.

Die Forderung besteht darin, daß man in dieser Weise glaubt. Später wird dann etwas bewiesen, das man schon längst „gekauft" hat, indem man zugegeben hat, daß man so glauben kann. Das ist wie im Theater. Dort gibt es diese wunderschöne Idee oder den Begriff „suspension of disbelief". Wenn man das nicht leisten kann, kann man das Theater nicht verstehen. Wenn man sich immer daran erinnert, daß das doch nur Schauspieler sind und daß das Messer, das sie dort haben, doch nicht wirklich ein Messer ist und daß das, was wir da sehen, doch nicht tatsächlich passiert, wenn man immer diese kritische Position beibehält und anwendet, dann kann man das Theater nicht verstehen. Beim Film ist es genauso. Wenn man ins Kino geht und in den dunklen Saal eintritt und auf die Leinwand schaut, darf man nicht sagen, das sind doch nur Schatten auf einer Leinwand. Man muß seine kritischen Fähigkeiten zeitweise außer Kraft setzen. Ich glaube, dasselbe verlangt das Buch von Minsky und vieler anderer. Es wird gefordert, daß man sein normales kritisches Urteilsvermögen einfach beiseite läßt, ausschaltet. Und die Religion, die Naturwissenschaft als Religion, verlangt, daß man das nicht nur in diesem Moment macht, nicht nur für eine kleine Zeit, sondern daß man diese kritische Urteilskraft überhaupt absetzt und daß man dann nichts glauben kann, was nicht wissenschaftlich bestätigt werden kann. Aber „suspension of disbelief" gilt nur, während ich in diesem Theater bin. Später habe ich meine Kritikfähigkeit wieder. Später kann man über das Theaterstück diskutieren und die reale Welt einbringen in die Kritik. Und das ist der Unterschied zum Anspruch der modernen Naturwissenschaft: Die Naturwissenschaft als Religion erlaubt das einfach nicht.

Diese Forderung ist ja auch berechtigt bei einem Roman. Mir fällt auf, daß die neuen Bücher über künstliche Intelligenz (KI) hier in Deutschland in literarischen Verlagen erscheinen, Minsky, Hofstadter, Moravec. Das finde ich interessant. Da vermischen sich Dinge.

Dazu gibt es eine Analogie: Es gibt Kurse an meiner Universität – und ich nehme an, an vielen anderen, auch an europäischen Universitäten – „Die Bibel als Literatur". Man kann ja die Bibel als Literatur lesen. Hier haben wir die Wissenschaft als Literatur, also diese Bibel als Literatur. Sie haben völlig recht, und ich glaube, es ist sehr wichtig, das zu erkennen und sich immer wieder deutlich zu machen, daß ein Roman auch dieses „suspension of disbelief" verlangt. Wenn man über diese Menschen liest, die gar nicht existieren, die ein Autor erfunden hat ... Der Mensch, der von einem Autor hergestellt wurde, muß im Bewußtsein des Lesers leben. Wir denken zum Beispiel an Hamlet. Für uns ist Hamlet eine ziemlich reale Figur.

Und das ist das Verdienst des Autors. Der muß das schaffen, herstellen. Es gibt ja Bücher, wo das nicht gelingt, wo man als Leser draußen bleibt und spürt, daß es leer und konstruiert ist. Im Theater, im Film oder in der Literatur muß der Autor es immer wieder herstellen, es ist ein ständiger Prozeß, und immer kann der Leser, Zuschauer aussteigen und sagen, das überzeugt mich nicht. Bei Minskys Buch überrascht mich diese Forderung von Anfang an, ohne das dann überhaupt leisten zu können, ohne die Welt schaffen zu können. Wenn ihm das gelingen würde, würde sich mir diese Faszination ja erklären.

Wie schafft Minsky das, daß er das verlangen kann und daß viele, die meisten Leute sich tatsächlich darauf einlassen? Er schafft es, weil er eben so einen großen Ruhm hat, um nicht zu sagen Ruf. Das sind zwei verschiedene Sachen, und er hat beides: einen großen Ruf und einen großen Ruhm. Das bedeutet, daß er in dieser Weltreligion eine große Autorität ist. Er ist mindestens ein Monsignore, wenn nicht ein Bischof. Es hat alles mit seiner Autorität zu tun.

Wir haben von den Experten gesprochen. Jemand, der als Experte gekennzeichnet ist, hat ein Zertifikat, einen Schein – es gibt ja so viele Scheine in Deutschland. Der Schein bedeutet etwas: Wenn man zum Arzt ins Zimmer hineinkommt und sein Schein an der Wand hängt, dann ist das ein Teil der Zauberei, ein Teil der Einladung, seine kritischen Fähigkeiten draußen zu lassen. „Ich bin der Experte! Wenn ich etwas tue oder sage, das Sie nicht verstehen oder nicht glauben können, dann seien Sie bitte ruhig, ich bin der Experte. Es ist nicht nötig, daß Sie das wissen."

Das bedingt sich natürlich gegenseitig. Von der Seite desjenigen, der diese Macht ausübt, ist diese Faszination verständlich. Aber all das funktioniert ja nur, wenn auf der anderen Seite jemand ist, der das anerkennt.

Ich glaube, da hat die Gesellschaft einen „Trick" erfunden, der das eben möglich macht. Der Arzt, der glaubhaft wird, obwohl er Unsinn spricht, hat eine gewisse Macht über die, die ihre kritischen Fähigkeiten draußen gelassen haben. Er oder sie spürt seine oder ihre Macht, aber fast alle Leute sind irgendwo Experten, wenn auch nur zu Hause, wenn sie mit den Kindern umgehen. Jeder kann diese Rolle mal spielen. Alles würde zusammenbrechen, wenn diese Rolle tatsächlich verschwinden würde. Zum Beispiel: Ich sitze in einem Flugzeug über dem Atlantik, da spreche ich natürlich mit meinem Nachbarn. Dann kommt es zur Frage: „Was machen Sie eigentlich?" – „Ich bin Professor am MIT." – Dann fragt er mich über Politik oder über Psychologie oder die Eisenbahn oder irgend etwas, worüber ich überhaupt nicht mehr erfahren habe als irgend jemand anders. Trotzdem: jetzt habe ich meinen Schein gezeigt und damit suggeriert, daß ich sehr klug bin oder ein Tiefdenker bin, und jetzt kommen die Fragen. Die Glaubwürdigkeit ist eingeführt. Das funktioniert, weil wir in unserer Gesellschaft so sehr bereit sind, unsere Verantwortung abzutreten. Diese Teilung des Lebens mit dem Expertentum ist eben einfacher als wachzubleiben, kritisch zu bleiben.

Was ich zunehmend beobachte und als bestürzend empfinde, ist, daß bei „zwischenmenschlichen Problemen“ gleich empfohlen wird, sich an eine Beratungsstelle zu wenden. Ich denke jedesmal, es kann doch nicht wahr sein, daß sich der Mensch selbst so reduziert und Fähigkeiten gleich von sich weist.

Dann ist es kein Wunder, daß Leute daran denken, einen Computer als Therapeut einzusetzen. Dieses Phänomen ist so tief in uns eingedrungen, daß es unsere Sprache verändert hat. Es ist in unsere Sprache eingedrungen, und das bedeutet, daß es ganz besonders wirkt. Sie haben eben gerade gesagt „zwischenmenschliches Problem“. Woher kommt das Wort „Problem“? Ich glaube, daß in der Vorkriegsliteratur (ich meine vor dem Zweiten Weltkrieg) in Deutschland sowie in anderen Ländern, ganz bestimmt auch in Amerika, das Wort „Problem“ entweder nie oder fast nie so auftaucht, wie wir es heute benutzen, also daß jemand ein Problem hat: „Ich habe ein Problem mit meinem Magen.“ Ich kann mir kaum vorstellen, daß Thomas Mann in der deutschen Sprache oder Hemingway oder Faulkner je so etwas in den Mund seiner Charaktere gelegt hätte. Nein, nein: „Mein Magen tut mir weh.“ Oder: „Wir leiden beide unter unserer kaputten Ehe.“ Oder: „Du liebst mich nicht mehr.“ Nicht: „Ich habe ein Problem mit meiner Ehe.“ Dieses Eindringen in unsere Sprache – ganz bestimmt auch im Englischen und in vielen anderen Sprachen – hat mit dem Siegeszug des Computers zu tun. Der Computer wurde eingeführt als „General Problem Solver“, als „Allgemeiner Problemlöser“. Die ganze Sache, daß man etwas einem Computer übergeben kann, hat als Witz angefangen vor dreißig Jahren: „Ach, frag doch mal deinen Computer." Das war ein Witz. Aber langsam wurde es ernst genommen. Wir haben ein Problem, und Problem bedeutet Lösung. Problem – und Lösung – die zwei Begriffe sind untrennbar. Das bedeutet: Man hat ein Problem, und da gibt es ein gewisses Verfahren, es könnte ein mathematisches sein, Algebra, das man auf dieses Problem anwenden kann. Was herauskommt, ist dann die Lösung. Dann ist dieses Problem erledigt. Aber so ist es nicht im menschlichen Leben. So ist es nicht mit menschlichen – ich werde jetzt das Wort selbst benutzen – Problemen. Menschliche Probleme, soziale Probleme, gesellschaftliche Probleme werden nie gelöst. Wenn man tatsächlich ein Problem mit seiner Ehe hat, geht man zu einem Berater, dem Experten, der zuständig ist für diese Klasse von Problemen. Dieser Experte sagt vielleicht: „Ja, da gibt es nichts anderes in diesem Fall, Sie müssen sich trennen, Sie müssen sich scheiden lassen." Dann läßt man sich scheiden, und dann heiratet man jemand anderen. Zehn Jahre später sagt man: „Ich hatte dieses Problem in meiner ersten Ehe, und das haben wir gelöst, wir haben uns scheiden lassen." Es ist eine Illusion, daß irgendein Problem *gelöst* würde. Das ist auf der persönlichen Ebene, der Ebene des einzelnen genauso wie auf der größten internationalen Ebene. Am Ende des Ersten Weltkriegs hat ganz besonders Großbritannien verschiedene Probleme im mittleren Osten „gelöst", aber andere Probleme hergestellt. Wir können das heute ganz klar sehen. Und wir Amerikaner hatten ein Problem – wenn ich das so sagen darf, es steckt mir ein bißchen im Hals, dieses Wort – in Südostasien, besonders in Vietnam. Da haben wir uns umgesehen, welche Mittel wir haben, solche Probleme zu lösen. Die Antwort war: Wir haben ein Militär. Dann haben wir das Militär als Lösungsmaterial, als Algorithmus angewendet. Das sollte das Problem lösen. Es hat aber nicht funktioniert. Auf der breitesten Ebene sowie auf der Ebene des einzelnen hat uns dieser Begriff „Problem" in einem gewissen Sinn korrumpiert.

Das Verrückte bei diesem Begriff „Problem" ist ja, daß wir dieses Wort für die verschiedensten Dinge benutzen. Es ist ja etwas ganz anderes, ob ich sage, ich habe ein Problem mit meinem Magen oder ich habe ein Problem mit meinem Mann, meinem Freund. Das sind ganz andere Dinge, wir benutzen aber dasselbe Wort. Dasselbe Wort hat etwas Tückisches: es bringt Dinge zusammen, die nicht zusammen gehören.

Das ist die Sprache. Vielleicht würde es besser sein, wenn wir wie in der Mathematik „subscripts" hätten: Problem der Klasse 1, Problem der Klasse 2, Problem „sub 15", das kann man dann unterscheiden. Leider können wir das in der Sprache nicht. Es ist interessant, wie das Bewußtsein der Verschiedenheit irgendeines Begriffs sich in die Sprache einführt, z. B. daß die Eskimos – so habe ich gehört – in Nordamerika zwanzig oder fünfundzwanzig Wörter für Schnee haben, weil sie verschiedene Schneesorten sehr gut unterscheiden können. Es sagt etwas über uns, daß wir das eine Wort „Problem" so unterschiedlich benutzen. Das bedeutet, wir selbst sind uns nicht bewußt, daß einige Probleme ganz anders sind als andere.

Es ist eine Verarmung.

Ja, es ist eine Verarmung. Das stimmt. Ich habe es Korruption genannt. Es ist eine Verarmung.

Eine Verarmung der Sprache, die aber letztlich Konsequenzen darauf hat, wie ich mich als Mensch begreife. Das verarmt ja damit auch.

Ja. Und das bedeutet, daß man ganz unbewußt – ohne daß man nachgedacht hat – reagiert: wenn man sich wehgetan hat, daß man sofort nach einem Mittel sucht, besonders nach einem Experten, aber auch nach Pillen usw. Ich glaube, auch die ganze „drug"-Sache, die Drogensache hat damit zu tun: eine scheinbar schnelle Problemlösung, bei der Menschen verarmen. Ich will damit nicht verstanden werden als jemand, der sagt, die Einführung des Wortes „Problem", die wiederum mit dem Computer zu tun hat, ist schuld am Drogenproblem, das wir heute haben. Nein, das meine ich nicht, aber diese ganze Haltung, die uns eingeprägt wird: Problem – Lösung – Experte – Mittel, Kopfschmerzen – Aspirin, sofort. Man erträgt heute kaum so einen kleinen Kopfschmerz für zehn Minuten. Man greift sofort nach dem Mittel.

IDEALBILDER UND KONFORMISMUS

Diese Haltung setzt voraus, daß ich ein Idealbild davon habe, wie sich ein Mensch fühlen muß. Wenn ich davon abweiche, muß ich etwas tun.

Ja, auch wenn ich nur ein bißchen abweiche. Das bedeutet wieder einmal die Einführung eines Konformismus. Dieses Bild, wie ein Mensch die Welt erfährt, wie er sich verhalten muß, prägt dann die ganze Gesellschaft, und alle Menschen werden gleich. Vielleicht nicht in einem politischen Sinn, man könnte sagen in einem noch tieferen Sinn, daß man sich nämlich einfach anpaßt, daß man denkt, etwas stimmt nicht, wenn ich ein bißchen abweiche. Wir sind so weit in Amerika, daß ich, wenn ich in Boston an einem Geschäftstag die Straße herunterlaufe und mir jemand entgegenkommt, der lächelt, sofort denke, da stimmt etwas nicht. Die Welt wird homogenisiert. Wir erleben heute in unserer Welt, ganz besonders im Westen, eine subtile Bereitschaft zur Gleichschaltung, von der Goebbels nicht einmal hätte träumen können. Es ist sehr sehr schade, daß Unterschiede verwischt werden.

Das hängt natürlich auch wiederum zusammen mit dem Bestreben, Mensch und Maschine zu vergleichen. Die Veröffentlichungen zu diesem Thema fallen dadurch auf, daß sie Mensch nicht definieren können. Natürlich nicht. Es werden einige Beispiele herausgegriffen als vermeintlich menschliches Handeln, und dann wird gesagt, das kann die Maschine auch, also ist da eine Ähnlichkeit.

Oder vielleicht noch schlimmer: „to define men in terms of the machine", den Menschen in Maschinenbegriffen zu definieren. Dann kann man von Unterschieden sprechen: „Aber das kann eine Maschine nicht, in diesem Bereich ist der Mensch eben anders als eine Maschine oder als die Maschinen, die wir heute haben." Dann irgendwann, drei Jahre später, fünf Jahre später, zehn Jahre später kann die Maschine das. Dann gibt es wieder etwas anderes, was die Maschine nicht kann. Es führt dazu, ganz automatisch, daß der Mensch nur erniedrigt werden kann.

Es ist dumm, daß wir das überhaupt machen: Es ist doch so offensichtlich, daß ein Mensch anders ist als eine Maschine. Kein Kind würde eine Maschine mit einem Menschen verwechseln. Und dennoch haben wir diesen Drang. Es ist sehr tief in uns eingedrungen, besonders in den letzten dreißig Jahren. Tatsächlich ist dieses Streben, künstliches Leben herzustellen, uralt. Es gibt viele alte Legenden, Mythen: Pygmalion, eine künstliche Figur, der dann der

Künstler Leben einatmet, der Golem, Frankenstein, all diese Geschichten. Aber in den letzten Jahren, könnte man sagen, ist dieser alte menschliche Traum in einem gewissen Sinne dabei, sich zu erfüllen. Ich meine damit nicht, daß er tatsächlich erfüllt wurde, denn es ist nur scheinbar so. Die Künstliche Intelligenz ist heute noch – ich weiß nicht, warum ich „noch" sage – fast eine reine Illusion. Natürlich hängt es davon ab, wie man Intelligenz versteht. Die genetischen Versuche, künstliches Leben herzustellen, in die Evolution absichtlich einzugreifen, sind auch noch nicht so weit. Wir können heute noch nicht – und hier würde ich sagen „noch" – einen idealen Menschen spezifizieren und dann herstellen. Der Traum aber existiert, und Menschen arbeiten daran. Ich muß dazu sagen, daß eine Idee oder ein Traum, der falsch oder nicht realisierbar ist, trotzdem Macht haben kann. Gerade die Eugenik, dieser Versuch, Menschen zu züchten oder künstlich herzustellen – wir haben in den letzten fünfzig Jahren gesehen, daß das riesige Konsequenzen haben kann. Daß eine bestimmte Klasse von Menschen diesen Architekten der Menschheit nicht paßt und deswegen – das schöne deutsche Wort – ausgerottet werden muß. Diese Geschichte haben wir ja schon hinter uns und ich weiß leider nicht, ob sie hinter uns bleibt.

Viele werden sich fragen: Was hat das – ganz praktisch – mit meinem Leben zu tun? Warum soll ich überhaupt daran denken? Im Dritten Reich gab es viele Professoren und Beamte, die ganz sicher waren, daß ihnen nichts passieren konnte. Sie sind jetzt Beamte lebenslang, sie werden schließlich ihre Pension bekommen und sagen deswegen, all diese Politik interessiert mich nicht, das hat mit mir nichts zu tun. Dann auf einmal – ich denke jetzt ganz besonders an die jüdischen Beamten und Professoren an den Universitäten – ist diese feste Garantie, die nie in Frage gestellt werden konnte, weg. Das Leben ist eben nicht so sicher, und diese Dinge, von denen wir hier sprechen, die Versuche, künstliches Leben herzustellen, die gehen jeden Menschen an, die können einen großen Einfluß haben. Das haben wir ja in den letzten fünfzig Jahren gesehen. Welches Leben wurde nicht verändert von den Alpträumen, die Hitler und seine Bande gehabt haben?

DAS MÄRCHEN VON DER WERTFREIEN WISSENSCHAFT

Wenn man diese Versuche, künstliches Leben zu schaffen, betrachtet, dann ist der Nebeneffekt, daß der Mensch dadurch gleichgeschaltet werden muß, sehr schlimm. Der Mensch nimmt sich immer mehr zurück. Ich frage mich manchmal, ob es so etwas gibt wie das Gegenteil einer Evolution, und ob der Mensch, indem er bestimmte Forderungen nicht mehr an sich stellt, verkümmert.

Ich weiß nicht, warum das so fraglich ist. Es ist doch offensichtlich! Als Beispiel eine Frage aus dem praktischen Leben: Wie viele Menschen laufen heute einen Kilometer am Tag irgendwohin? Ich meine nicht, daß sie die Strecke von einem Kilometer mit einem Ziel zurücklegen, ich meine als Summe aller Strecken den ganzen Tag, zur Küche, zurück und dann wieder zum Laden. Unsere Fähigkeit zum Laufen verkümmert, weil wir eben das Auto haben und viele viele andere Sachen in unserer Lebenswelt heute, die uns Menschen, ganz besonders in den letzten fünfzig Jahren, sehr verändert haben. Ich kann gar nicht beschreiben, wie erstaunlich ich dies finde: die Veränderung des Menschen und der menschlichen Welt in den letzten fünfzig Jahren gegenüber den Veränderungen von Anfang an, sagen wir von der biblischen Zeit bis heute, also der Zeitraum von zweitausend Jahren, die Veränderungen in den ersten achtzehnhundert Jahren im Vergleich mit den letzten fünfzig Jahren. Ich bin siebzig Jahre alt und habe in meiner Lebenszeit diese Veränderungen mitgemacht. Ich erinnere mich sehr gut an die Zeit als Kind in Berlin in den frühen dreißiger Jahren. Da waren noch eine ganze Menge Pferde auf der Straße, Lastwagen, die von Pferden gezogen wurden. Der Verkehr war kaum ein Problem. Wenn man sich heute alte Filme anschaut oder Postkarten und Bilder von dieser Zeit, sieht man, daß es auf der Straße sehr wenig private Autos gibt. Es gibt Taxis, Autobusse, Pferdewagen und Lastwagen. Man kann es auch auf Bildern aus Amerika sehen. Vor dem Krieg brauchte man in der ganzen Welt, ganz bestimmt in amerikanischen und europäischen Städten, nie einen Parkplatz zu suchen. Man fuhr hin, wo man hin wollte, und da stellte man das Auto gerade vor dem Haus ab oder drei Schritte weit weg. Heute ist das Auto in diesem Sinn unmöglich. Es hat sich so ungeheuer viel geändert. Da muß man wirklich beeindruckt sein, und da muß man auch anfangen zu fragen: Wollten wir das? Oder: Wer hat das gewollt? Passiert eine solche Entwicklung einfach automatisch? Es ist mir dringlich, gleich sofort etwas dazu zu sagen, so daß ich nicht mißverstanden werde: Ich glaube nicht an die Autonomie der Wissenschaft oder der Technologie. Ich glaube nicht, daß sie sich selbst bestimmen, daß wir einfach so hinterherlaufen. Die Idee der Autonomie oder Nicht-Autonomie der Wissenschaft enthält auch die Idee des Wertes.

Gibt es die „Wertfreiheit der Wissenschaft"?

Wenn man an die Autonomie der Wissenschaft glaubt, dann könnte man auch daran glauben, daß die Wissenschaft wertfrei ist, und genauso ist es mit der Technologie. Ich glaube, viele Leute, auch Wissenschaftler, glauben an einen Mythos, wie sich die Wissenschaft entwickelt: Da ist ein Wissenschaftler, vielleicht in einem weißen Kittel in einem Labor, und auf dem Weg zum Labor ist ihm eine komische Idee eingefallen, vielleicht hat das mit Katzen zu tun, die so wie Zebras aussehen oder irgendeine andere Dummheit. Da denkt er, aha, und jetzt fängt er eine Forschung und eine Arbeit an, an die er gestern überhaupt nicht gedacht hat. Es ist ganz neu. So macht die Wissenschaft Fortschritte. Das kann dann die Gesellschaft beeinflussen, ist aber von der Gesellschaft nicht beeinflußt. Es ist autonom." Aber so ist es nicht. Das ist ein Mythos. Wir müssen erkennen – das ist wieder einmal so eine ganz einfache Sache, wenn man es einmal sagt, ist es selbstverständlich – daß wir Menschen an die Natur eine unendliche Reihe von Fragen stellen könnten. Aber wir haben nicht unendlich viel Zeit. Die Lebenszeit eines einzelnen Wissenschaftlers ist begrenzt. Aus den unendlich vielen Fragen, die wir stellen könnten, müssen wir uns verschiedene Fragen auswählen und dann erforschen. Die Auswahl bedeutet natürlich ein Werturteil. Man denkt, diese Frage sei wichtiger als die andere. Das ist von den gesellschaftlichen Umständen sehr stark geprägt. Wenn wir uns zum Beispiel die Entwicklung des Computers ansehen – ich war dabei, am Anfang, als die Computer so riesig groß waren mit Röhren, Radioröhren oder noch früher mit Relais, mechanisch. Sie waren riesig groß, füllten das ganze Gebäude, obwohl sie funktional viel kleiner und viel langsamer waren als die heutigen Taschenrechner. Es hat nicht lange gedauert, bis ein großer Drang nach Miniaturisierung beobachtet werden konnte. Alles sollte immer kleiner und kleiner werden. Wo ist das hergekommen? Das kam vom Militär. Das Militär wollte Computer in die Luft schicken, nicht nur in Raumschiffen und Flugzeugen, auch in Waffen selbst, es wollte sie in Raketen einbauen, und dafür mußte alles kleiner werden. Fast jede Entwicklung im Computerbereich kann auf den militärischen Bedarf zurückverfolgt werden. Man sollte vielleicht nicht fragen: Was ist der Einfluß des Computers auf die Gesellschaft, sondern gerade umgekehrt: Was ist der Einfluß der Gesellschaft auf die Entwicklung des Computers?

Was Sie eben gesagt haben über die Fragen, die man an die Natur stellen kann, das gilt für jedes individuelle menschliche Leben. Man stellt sich die Frage: Was will ich mit meinem Leben machen? Es ist aber nicht nur eine individuelle Entscheidung, ich muß sehen, daß ich irgendwie von meiner Arbeit leben kann, daß ich in dieser Gesellschaft existieren kann. Dadurch sind bestimmte Bereiche vorgegeben.

Vorgegeben, genau!

Ich käme heute ohne Computer oder gewisse Kenntnisse im Computerbereich nicht aus. Es ist fast unmöglich, sich zu verweigern oder zu sagen, in der Art und Weise möchte ich nicht arbeiten.

Ich weiß nicht, ob das stimmt, was Sie da gesagt haben. Es ist ganz bestimmt der Fall in dieser Gesellschaft in Deutschland, in einer technologisch hochentwickelten Nation, daß jeder direkt oder indirekt mit Computern in Kontakt kommt, irgendwie berührt wird. Aber die allermeisten Computer, die man im täglichen Leben berührt, sind versteckt. Sie sind im Auto versteckt, in der Uhr, im Plattenspieler, im Fernsehapparat. Man ist sich genauso wenig bewußt, daß man mit einem Computer arbeitet, wie man sich bewußt ist, daß man mit Elektrizität arbeitet. Man weiß das irgendwie, aber es gelangt selten ins Bewußtsein, außer natürlich wenn irgend etwas kaputtgeht. Über Computer Bescheid zu wissen, ist nur für eine sehr kleine Minderheit der Menschen notwendig. Ich denke gerade an einen Beruf wie den der Personen, die bei der Lufthansa arbeiten, Tickets verkaufen, Reservierungen machen. Sie sitzen den ganzen Tag vor einem Bildschirm, aber sie müssen gar nicht wissen, was hinter den Kulissen ist, ob da Gummibänder oder ob da kleine Männchen sind. Vom Computer selbst brauchen sie nichts zu verstehen. Genauso in hochtechnischen Bereichen. Nehmen wir wieder die Lufthansa, den Flugkapitän einer 747, eines riesigen Flugzeugs. Es gibt hundert Computer in diesem Flugzeug, aber es würde dem Kapitän überhaupt keine Hilfe sein, wenn er eine Computersprache wie BASIC oder FORTRAN versteht. Das hat mit seiner Begegnung mit Computern nichts zu tun, weil die Begegnung eben so indirekt ist. Genauso ist es mit Textverarbeitungssystemen. Ich betrachte den Wordprocessor mehr als eine Weiterentwicklung der Schreibmaschine als des Computers.

Sollte man diese Dinge viel mehr als Hilfsmittel, als reines Arbeitsgerät sehen und nicht so mystifizieren, wie es oft getan wird?

Nein, das stört mich. Natürlich höre ich das oft. Jetzt kommen wir zurück zu der Wertfreiheit: ein reines Arbeitsgerät, ein Werkzeug. Dann kommt man zu der Aussage, ein Computer sei doch bloß ein Werkzeug und deswegen wertfrei. Das stimmt nicht. Der Wert jedes Instruments, jedes Werkzeugs in der menschlichen Welt ist durch die gesellschaftlichen Umstände geprägt. Dafür möchte ich ein Beispiel geben: Sagen wir, Sie kennen mich ziemlich gut und Sie wissen, daß ich Pazifist bin, und ich rede viel über Gewaltfreiheit. Sie kommen zu Besuch in mein Haus und öffnen eine Schublade, weil Sie denken, da sei das Telefonbuch, und finden darin eine Pistole. Dann würden Sie staunen. Joseph Weizenbaum – er hat eine Pistole in seinem Haus? Sie fragen mich: „Warum haben Sie eine Pistole?" Ich antworte: „Sie wissen ja, daß ich schöne Bilder sehr gern habe, und die hänge ich an die Wand. Dazu muß ich Nägel in die Wand schlagen, dafür benutze ich die Pistole." Man kann sagen, ob eine Pistole ein böses oder ein gutes Instrument ist, kommt doch ganz darauf an, wie man sie benutzt. O. K., ich sage, ich benutze sie als Hammer. Das ist lächerlich. Der Wert der Pistole wird bestimmt von der Gesellschaft, in der die Pistole eingebettet ist, und ganz besonders in der amerikanischen Stadt hat die Pistole eine ganz bestimmte Bedeutung und einen ganz bestimmten Wert. Jetzt kommen wir zum Computer. Es ist einfach eine Tatsache, daß der Computer im Krieg geboren wurde und daß fast alle Forschungen und Entwicklungen des Computers vom Militär und fast ausschließlich vom Militär unterstützt wurden und heute noch werden. Jeder Erfolg, zum Beispiel in der Technik, dem Computer das Sehen beizubringen, wird sofort vom Militär aufgegriffen und sofort in Waffen eingebaut. Man darf nicht sagen, der Computer kann für etwas Böses und für etwas Gutes benutzt werden, und der Computer selbst ist wertfrei. In dieser Gesellschaft ist der Computer zuallererst ein militärisches Instrument. Gut, es gibt Gewehre, die nur für Zielübungen benutzt werden, aber das Gewehr als solches in unserer Gesellschaft hat eben den Wert eines Instruments, mit dem man Menschen töten kann. Und so ist es auch mit dem Computer. Er ist nicht bloß ein Werkzeug, er ist nicht wertfrei, und daran zu arbeiten, ist keine wertfreie Entscheidung.

All diese Dinge existieren ja nie nur für sich selber, sondern in einem Zusammenhang und sind in einem Zusammenhang entstanden. Gut, der kann sich verändern.

Ja, im Prinzip können wir die Gesellschaft verändern. Und wenn wir die Gesellschaft grundsätzlich verändern, sagen wir eine pazifistische Gesellschaft herstellen, dann würde der Computer einen anderen Wert haben. Dasselbe gilt für Pistolen und viele andere Dinge, das Fernsehen zum Beispiel. Das Fernsehen ist auch nicht wertfrei. Man muß es nur ansehen, um zu sehen, daß es eben die Werte dieser Gesellschaft fördert. Wie könnte es anders sein?

Manchmal, wenn ich sage, der Computer sei hauptsächlich ein Instrument des Militärs – und das bedeutet in unserer Welt ein Instrument des Massenmordes – dann wird mir vorgeworfen, daß ich die humanen Anwendungen von Computern im Krankenhaus und in der Schule nicht wahrnehme. Da habe ich mir vor langer Zeit schon eine kleine Geschichte ausgedacht: Es gibt irgendwo ein Konzentrationslager, in dem alles, was überhaupt entschieden wird, zum Beispiel wer heute wieviel zu essen bekommt, wer heute sterben muß, von einem Computer entschieden wird. Da hören wir zwei Häftlinge miteinander sprechen, und der eine sagt zum anderen: „Weißt du, es muß doch auch humane Anwendungen des Computers geben." Der andere erwidert: „Ja, sicherlich, aber nicht in einem KZ."

Ich meine damit, daß der Computer in unserer verrückten Gesellschaft eingebettet ist, genauso wie das Fernsehen. Alles ist in dieser Gesellschaft eingebaut, und die Gesellschaft ist offensichtlich wahnsinnig. Wir brauchen uns nur jeden Tag die Zeitung anzusehen, um das zu bestätigen. In dieser Gesellschaft ist es wirklich fragwürdig, ob die schönen Instrumente, die wir entwickeln, die Früchte des menschlichen Geistes, die höchsten Erfolge des menschlichen Geistes, ob sie wirklich human eingesetzt werden können oder nicht. Das Beispiel Fernsehen möchte ich besonders erwähnen, weil das so eine durchschlagende Illustration ist. Wenn man sich vorstellt, daß man in einem Wohnzimmer sitzt in einer deutschen Wohnung, und da ist dieser Farbfernseher, ein großes Bild in living colour. Man sieht ein Fußballspiel, das sich in Brasilien abspielt, und man sieht es, wie man heute so schön sagt, in Echtzeit. Jetzt sollte man sich vorstellen, welche Früchte des menschlichen Geistes daran beteiligt sind. Es muß einen Satelliten geben. Der Satellit schwebt da oben. Er mußte erst einmal hergestellt werden, dann dort hingebracht werden. Das bedeutet, es mußten Raketen mit unvorstellbarer Genauigkeit gearbeitet werden, nur um den Satellit dort hinzubringen. Und dann das Fernsehen selbst: Daß man aus diesem Fußballfeld elektronische Signale machen kann, die man dann ganz genau zwanzigtausend Meilen in den Himmel schicken kann und die dann ganz genau gerade zu meinem Fernseher kommen. Daß da ein Bild entsteht aus etwas, das in der Luft schwebt – ich meine jetzt die elektromagnetischen Signale – alles das ist doch erstaunlich! Es ist doch absolut erstaunlich! Da müßte man wirklich den menschlichen Geist, der das alles erfinden und herstellen kann, sehr loben. Und jetzt die Frage: Mit diesem riesigen Schatz, mit dieser riesigen Folge von menschlichen Erfolgen – was machen wir damit? Was sehen wir tatsächlich im Fernsehen, besonders in Amerika? Wir sehen Gewalt, wir sehen Mord, wir sehen Blödsinn, wir sehen Wahnsinn, und wir sehen Unsinn, den am allermeisten. Ja, da haben wir so ein schönes Instrument, das in einer gesunden Gesellschaft vielleicht sehr schön und sehr gut sein könnte, aber in unserer verrückten Gesellschaft ist es eben, wie gesagt, Blödsinn, Wahnsinn und Unsinn.

Also wurde eine Chance vertan?

Genau.

Denn die Möglichkeiten sind ja wirklich da.

Es kann auch sein, daß im Prinzip ein Instrument, das es erlaubt, wenigen Menschen zu sehr vielen Menschen zu sprechen, Radio und Fernsehen zum Beispiel, wirklich menschenfeindlich ist.

Als Sache überhaupt?

Ja, als Sache überhaupt, und daß wir in einer gesunden Gesellschaft – was immer das bedeuten sollte – so ein Broadcast Fernsehen oder Radio nicht haben würden.

Daß man es gar nicht brauchte.

Ja, man braucht es nicht. Es könnte auf jeden Fall sein, daß man es nicht haben würde. Ein Beispiel: Wir sind dabei – hoffentlich, jedenfalls in Amerika sind wir dabei – das Rauchen abzuschaffen. Gesund bedeutet auch manchmal, auf etwas zu verzichten.

Heute wird in den Philips Labors und in anderen Labors in Amerika und Japan viel über High Definition Television gearbeitet: technisch ein viel besseres Bild herzustellen als das, was wir heute haben. Da sollte sich doch jeder Mensch in unserer Gesellschaft einmal fragen: Brauche ich das? Ich meine jetzt: Brauche ich das wirklich? Nicht: Würde es schön sein oder würde es nett sein? Die Antwort muß doch für die allermeisten Menschen „Nein" sein. Wir brauchen es doch nicht. Und trotzdem, in zehn Jahren werden sicherlich Millionen von diesen Geräten verkauft werden.

Und jeder wird denken, daß er es braucht.

Oder überhaupt nicht denken.

Es einfach kaufen.

Es kaufen. Da haben wir ein sehr klares Beispiel eines künstlich hergestellten Bedürfnisses. Es ist einfach künstlich hergestellt. Es ist wirklich Wahnsinn.

Der Wahnsinn ist, daß es funktioniert.

WAS MACHT DEN MENSCHEN ZUM MENSCHEN?

Ich kann mir vorstellen, daß viele Leute jetzt sagen: Aber weiß der Weizenbaum nichts von Arbeitsplätzen? Das schafft doch Arbeitsplätze. Wenn man darüber nachdenkt, könnte man sagen, ja, Leute müssen doch Arbeit haben, und das schafft Arbeit. Das stimmt schon, aber dann sollte man fragen: Ist es eine gesunde Gesellschaft, in der Menschen, die keinen Job haben, bestraft werden, und sogar ihre Familien, so daß die Familie nichts zu essen bekommt? Muß das Essen und die Kleidung davon abhängen, ob man einen Job hat? Und wenn die Antwort dazu „ja" ist, „es muß davon abhängen", so wie es heute ist, dann erfindet man natürlich absurde Jobs. Aber es muß doch nicht so sein! Wir können uns doch eine Gesellschaft vorstellen, in der eben für Essen, Wohnung und Pflege gesorgt ist. Für jeden! Wir könnten uns das vorstellen.

Diese Vorstellungen gibt es ja auch, aber die sind ja jetzt angeblich gescheitert.

Ja, das sollte man sofort dazu sagen: Das wollten doch die Russen. Diese gute Sache, die so selbstverständlich ist, daß niemand sich sorgen muß über die grundsätzlichen Bedürfnisse der Menschen, diese sehr gute Idee wurde umzusetzen versucht und hat sich als unfähig gezeigt. Nein, da muß man weiterdenken: In der Gesellschaft, in der das eingeführt werden sollte, bei Menschen, die so trainiert waren, so sozialisiert waren wie ein Stalin zum Beispiel, da hat es nicht funktioniert. Das bedeutet doch nicht, daß die Idee selbst eine schlechte Idee ist. Ich spreche jetzt nicht vom politischen Kommunismus oder Sozialismus, ich spreche einfach von der Idee, daß man sich vorstellen kann, daß es die Familie der Menschen gibt und einfach selbstverständlich ist, daß niemand hungern oder frieren muß, und daß die Gesellschaft Hilfe leistet, wenn jemand krank wird, wie immer man das jetzt politisch realisiert. Nun könnte man ja fragen: Haben Menschen das tatsächlich mal versucht oder nur so scheinbar? Ich glaube, ganz besonders in Stalins Rußland, in der stalinistischen Sowjetunion konnte man kaum von einem Kommunismus sprechen. Das war es nicht, was immer es war, es war nicht Kommunismus. Da gab es doch ganz deutlich eine große Elite. Ich möchte das hier nicht umwandeln zu einem Plädoyer für Sozialismus, ich meine nur aus selbstverständlicher Vernunft, das Zusammenbringen von Job mit Essen ist von ganz weit weg, vom Mars aus gesehen, eine wirklich komische Idee, die überhaupt nicht notwendig ist. Da kann man ja anführen, in der Bibel, da steht es ja, mit dem Schweiß sollst du ... – darauf könnte man antworten, es gibt doch auch andere Religionen. Es ist doch nicht absolut notwendig, so wie ich das sehe – ich bin kein Theologe und ich bin auch kein Christ – aber ich glaube, es ist auch nicht notwendig im Sinne des Christentums überhaupt. Ich glaube, die Bergpredigt, die ich persönlich als Kern des Christentums ansehe, verlangt das nicht.

Nein, die Bergpredigt verlangt das nicht. Die Idee einer Gemeinschaft überhaupt, wie immer man sie definieren will, ohne Vorzeichen, die Gemeinschaft ist ja dazu da, um ein Regulativ zu bilden, andere zu unterstützen, sonst kann ich ja alles für mich alleine machen, mit Ellenbogen ...

Und da ist etwas in der menschlichen Natur, das würde ich wirklich sagen, das ist vorgegeben, das können wir nicht wegdenken oder abbauen, das ist die Abhängigkeit eines jeden Menschen von anderen Menschen. Ich meine nicht nur von der Gemeinschaft im politischen Sinn. Wir Menschen können nicht alleine leben. Dieses furchtbare „Experiment" irgendwo in Südamerika: in einem Krankenhaus für kleine Kinder, Waisenkinder, war einfach nicht genug Personal da, um mit den Kindern zu spielen. Sie wurden da gefüttert und gewaschen, aber sonst nichts. Und unter diesen Umständen sterben die Kinder. Man muß ein Kind halten, man muß ein Kind umarmen, man muß einem Kind Wärme und Liebe zeigen, sonst stirbt das Kind. Es ist notwendig! Wir sind ein gesellschaftliches Tier! Und Gemeinschaft bedeutet gegenseitige Unterstützung und auch die Unterstützung der Gemeinschaft selbst. Wir können uns auch einfach die Tiere ansehen, es ist notwendig für manche. Es gibt soziale Tiere, vielleicht sind es die meisten.

Bei denen es ähnlich ist?

Ja.

Beim Menschen kommt dann noch das Bedürfnis hinzu, sich auszutauschen, sprachlich, mit anderen zu reden.

Ja, das ist ein Teil davon. Man kann nur von anderen Menschen als Mensch bestätigt werden. Das führt zurück zu einem dieser Alpträume, Wahnträume der Künstlichen Intelligenz, eine Maschine herzustellen, einen Roboter, der sich bewegen kann, der dann zu einem Mensch wird. Ich denke an das Buch „Mind Children" von Hans Moravec. „Kinder unseres Geistes" statt „Kinder unseres Körpers". Es ist ein Buch, das in Amerika erschienen ist. Moravec lehrt an einer berühmten Universität. Das Buch selbst wurde von der Harvard Universität herausgegeben. Es ist kein Science Fiction oder triviales Buch, es wird jedenfalls nicht so angesehen. Der Autor sagt in diesem Buch – das ganze Buch handelt davon – daß man den ganzen Menschen in eine Maschine überladen kann. Das Wesentliche des Menschseins ist Information, die man erfassen kann, und die man dann in einen Computer hineinbringen kann als „input". Wenn ich mich so in einen Computer geladen habe, „downloading" heißt das auf Englisch, dann ist dieser Computer, dieser Roboter, ich. Die Frage taucht auf: Was ist das Wesentliche daran, ein Mensch zu sein? Ich glaube nicht, daß man das in einer endlichen Kette von „bits" herstellen könnte, repräsentieren könnte, ohne etwas auszulassen. Ein wesentlicher Teil des Menschen hat mit der Verbindung des Menschen zu anderen Menschen zu tun. Der Mensch hört nicht mit seiner Haut auf. Er ist unausweichlich in seine Umgebung eingebettet. Um Mensch zu sein, muß ein Mensch von anderen Menschen als Mensch erkannt und behandelt werden können. Ich würde sagen, daß es uns Menschen unmöglich ist, ein Gerät, wie immer es auch aussieht und wie man es spürt und wahrnimmt, wie einen Menschen, wie ein kleines Kind zu behandeln. Das Gerät wird zum Beispiel keine Schulter haben. Vielleicht kann man eine künstliche Schulter schaffen. Und um ganz verrückt zu sein, wenn man jetzt sagt: Man könnte doch einen Roboter herstellen, der ganz genauso wie ein Mensch aussieht. Man könnte ihn zum Beispiel operieren, und innen drin sieht es ganz so aus wie in einem Menschen. Dann würde ich sagen: Wenn man im Prinzip keinen Unterschied finden kann zwischen diesem Ding und einem Menschen, wenn man das von Anfang an ausschließt, dann darf man mich auch nicht fragen: Welchen Unterschied siehst du? Aber in der Künstlichen Intelligenz ist ja nicht von einem Maschinenmenschen die Rede, der aus menschlichem Fleisch ist, sondern man spricht von Maschinen, von Robotern mit Fernsehaugen und alldem. Der Beweggrund, solche Sachen herzustellen – ich lehne mich jetzt an Minsky an – ist die Auffassung, daß der Mensch eine Fehlentwicklung ist. Es wird von Minksy deutlich gesagt, daß der liebe Gott kein fähiger Ingenieur war. Und heute kennen wir Menschen – das heißt Marvin Minsky und verschiedene andere in den amerikanischen Universitäten – viel bessere Spezifikationen des Menschen, und wir können an dem Werk der Natur sehr viel verbessern. Das bedeutet unter anderem, daß wir Menschen herstellen können, die unsterblich sind. Ein digitales Gerät kann man ganz genau kopieren, absolut genau. Was die Leute vergessen, ist das, was ich eben gesagt habe: Um Mensch zu sein, muß ein Mensch von anderen Menschen als Mensch behandelt werden.

Gehört dazu nicht auch das Wissen um seine Sterblichkeit?

Das ist etwas, was überhaupt nicht gesehen wurde von diesen Leuten: Welche Rolle, welche absolut kritische Rolle der Tod des Menschen spielt! Da wir sicher sind, daß wir sterben müssen, ist es notwendig, daß wir die Kultur, die Zivilisation der nächsten Generation übergeben. Und wir können es nicht als eine Compact Disc in digitaler Form übergeben, nein, wir müssen es so machen, daß die nächste Generation dazu gezwungen ist, ob sie will oder nicht, die Zivilisation und die Kultur wiederherzustellen. Sie muß immer wiederhergestellt werden. Das bedeutet, daß sie sich ständig verändert, daß auch die Kultur, die Zivilisation ein lebendes Wesen ist. Der Tod ist ein notwendiges Instrument der Kultur und der Zivilisation.

DER NEID AUF DIE FRAUEN

Der Tod gehört zum Menschen dazu, ich kann ihn nicht abziehen. Ich habe mir überlegt, woher überhaupt dieses Bestreben kommt, Maschinen zu schaffen, die perfekte Menschen sind. Es besteht ja schon ein Unterschied zu dcm, was wir vorhin angesprochen haben, daß dieser Traum immer da war, vereinzelt. Aber es wurde mit mehr Würde damit umgegangen als heute. Steckt dahinter vielleicht unbewußt die Angst vor der eigenen Endlichkeit?

Sehen wir uns den Traum der alten Griechen, die Mythen noch einmal an: Traum der Unsterblichkeit, Traum, ins Weltall fliegen zu können, Traum, das Feuer – heutzutage könnte man sagen, die Atomkraft – zu beherrschen. In den Mythen sind diese Dinge den Göttern überlassen. Die Götter tun das. Und wenn wir versuchen, es zu machen – ich denke an Prometheus zum Beispiel – werden wir streng bestraft. Es gibt also Dinge, von denen diese alten Mythen sagen, daß man sie besser lassen sollte. Das führt direkt zu der Einsicht oder jedenfalls zu dem Verdacht, daß die Extremisten, die Ideologen der Künstlichen Intelligenz versuchen, Gott zu spielen. „Wir können es besser als die Natur!" Oder wie man früher vielleicht gesagt hätte – ich würde es immer noch sagen – „besser als der liebe Gott." Da muß man buchstäblich von Wahnsinn sprechen. Es ist der Wahn, Gott zu spielen. Ich sehe auch von meiner Beobachtungskabine im

MIT, wo ich schon Jahrzehnte einen Überblick über diese Sachen habe, daß alle diese Ideologen der Künstlichen Intelligenz – Minsky, Moravec, Feigenbaum, – Männer sind. Irgendwann einmal muß man darauf aufmerksam machen. Hat das irgend etwas mit der Sache zu tun oder nicht? Es ist wirklich schwer zu glauben, daß es nichts damit zu tun hat.

Es ist unwahrscheinlich.

Ja, es ist unwahrscheinlich. Was hat es damit zu tun? Was sagen sie selbst, wie definieren sie ihre eigene Arbeit? Nehmen wir das Buch „Mind Children" von Hans Moravec. Es geht darin um die Absicht, menschliches Leben künstlich herzustellen, und zwar ein Leben, das unvernichtbar, unsterblich und von Anfang an intelligent ist. Unsere Kinder sind sehr verletzlich, am Anfang wissen sie sehr wenig, sind hilflos. Sie müssen erst einmal dreizehn, fünfzehn, achtzehn Jahre oder noch länger lernen, bevor sie tatsächlich als unabhängige Menschen sozusagen funktionieren können. „Aber wir können Kinder herstellen, die sofort eine viel höhere Intelligenz haben als wir selbst und die unsterblich sind", kündigen die Ideologen der Künstlichen Intelligenz an. Das bedeutet doch nichts anderes als: „Wir können es besser als die Natur, wir können Kinder produzieren, besser, als die Frauen es können." Und das sagt mir jedenfalls, daß das ein Neid auf die Fähigkeit der Frauen ist, Kinder zu bekommen, einen Uterusneid würde ich das nennen. Ich glaube ziemlich fest, das ist das Wesentliche dabei. Ich würde es sehr sehr begrüßen, wenn jemand an einer Universität oder irgendwoanders in diesem Gebiet richtig forschen würde: Was treibt diese Leute? Woher kommt die Motivation? Wie kommt es, daß Kinder, die klug sind und in der Schule sehr gut, zu Menschen verwandelt werden, die an solche Sachen glauben und denken? Was ist das? Woher kommen diese Menschen? Ich glaube, das ist eine wichtige Frage, vielleicht so wichtig wie dieselbe Frage in bezug auf die großen Nazimörder. Da sollte man auch fragen: Wie sind sie entstanden? Was ist es im Menschen, was ihn so weit bringen kann? Ich glaube, das sind wichtige Fragen, die wirklich untersucht werden sollten.

Das ist auch die Frage, die sich mir beim Lesen dieser Bücher stellt: Wie kommt jemand überhaupt dazu, nicht zu der Idee ...

Zu der Haltung!

Zu der Haltung, ja. Und wie kommt jemand dann dazu, das, was er vorführt, für Menschsein zu halten? Selbst wenn diese Maschine dies und jenes kann – was hat das mit Menschsein zu tun? Was ja in dieser Literatur auch auffällt, sind die Prognosen für die Zukunft, ein Aufschieben auf die Zukunft. Nichts deutet eigentlich darauf hin, daß da etwas geschehen wird, aber die Autoren feiern sich jetzt schon für das, was irgendwann sein könnte. Welche Haltung ist das?

Ganz in der Zukunft zu leben, bedeutet auch, heute nicht anwesend zu sein. Es ist ein Wegrennen von der Gegenwart.

Die Literatur der Künstlichen Intelligenz ist geprägt von Versprechungen darüber, wie schön die *Zukunft* sein wird. Es ist darum eine wirklich außerordentliche Wissenschaft. Es ist erstaunlich, daß die Idee der Künstlichen Intelligenz überhaupt irgendwo ernst genommen wird. Aber in der ganzen Welt wird sie ernst genommen. Die Idee hat sich verkauft, obwohl sehr, sehr wenig dahintersteckt.

Ich kann mir vorstellen, daß Leute jetzt sofort sagen werden: „Aber es gibt doch diese wunderschönen Expertensysteme.“ Das meiste davon ist aber Fiktion oder, ich könnte auch sagen, reine Propaganda. Was sind Expertensysteme überhaupt? Vom technischen Standpunkt aus – ich spreche jetzt ganz technisch von meinem eigenen Fach, also Informatik, wie es hier genannt wird – ist das Expertensystem eine gewisse Architektur der Programmierung. Genau wie die Sprachen FORTRAN, ALGOL, PASCAL zu einer gewissen Architektur der Computersprachen gehören. Das Expertensystem ist ein Werkzeug, das dann benutzt werden muß. Das hat mit Künstlicher Intelligenz, irgendwie ernsthaft definiert, überhaupt nichts zu tun. Es ist einfach eine Methode, gewisse Regeln hinzuschreiben, sonst nichts. Man sollte nicht Expertensysteme und Künstliche Intelligenz verwechseln. Es stellt sich natürlich die Frage, was überhaupt ein „Artificial Intelligence-Programm" ist? Ein Beispiel: Heutzutage werden die meisten großen Flugzeuge, die Jumbos, von Computern gelandet, statt vom Piloten. Der Pilot ist da und muß aufpassen, aber das Flugzeug wird tatsächlich in den meisten Fällen vom Computer gelandet. Da haben wir ein System im Flugzeug, das alles mögliche wahrnehmen kann, wie hoch, wie schnell, wie nah dem Boden, und das dann ein „computation" machen kann, also berechnen kann, was jetzt gemacht werden muß. Dieses System ist den Gegebenheiten gegenüber, in denen wir uns befinden, empfindsamer, als es ein Mensch überhaupt sein könnte. In diesem Sinn ist es sozusagen besser als der Mensch. Ist das aber Künstliche Intelligenz? Solche Systeme wie das automatische Landungssystem wurden ungefähr zu derselben Zeit in England und in den USA, bei Boeing in Seattle/Washington entwickelt von Leuten, die sehr viel von Computern verstanden und auch sehr viel vom Fliegen, von Flugzeugen. Sie hatten nicht die geringste Ahnung, daß sie an Künstlicher-Intelligenz arbeiten. Es ist einfach ein Anwendungssystem. Die meisten Programme, die wir heute Künstliche Intelligenz nennen, sind einfach Anwendungen vom Computer. Ich bin absolut sicher, wäre dasselbe System, das heute die Flugzeuge landet und steuert, im MIT oder in der Stanford Universität oder in der Carnegie Mellon Universität – das sind die drei großen Künstliche-Intelligenz-Universitäten in Amerika, wo das wirklich sehr weit getrieben wird – entwickelt worden, dann würden wir nie das Ende davon hören. Das würde als ein Triumph der Künstlichen Intelligenz gefeiert. Aber da es einfach ein Anwendungsprogramm ist, von Ingenieuren entwickelt, die natürlich auch wissen, wie man Computer programmiert, wird es eben nicht so gefeiert. Die allermeisten Anwendungen, die wir heute Künstliche Intelligenz nennen, haben genau diesen Charakter. Der Begriff Expertensystem bezieht sich auf eine bestimmte technische Architektur und nicht mehr. Das wird draußen kaum verstanden, und daraus folgt, daß die Öffentlichkeit in den letzten dreißig Jahren von Computermythen so bombardiert wurde, daß sie unfähig ist, selbst zu entscheiden, was da stimmen könnte oder nicht. Es ist ein Mythenglaube. Sie glauben an solche Mythen und wissen gar nicht, daß es falsche Mythen sind, weil die großen Herren immer wieder von Künstlicher Intelligenz sprechen und davon, was wir in Zukunft machen werden können. Und das ist natürlich erstaunlich, was wir in Zukunft machen werden können, so wie gesagt wird.

Vielleicht kommt jetzt jemand und sagt: „Aber bitte, Herr Weizenbaum, heute können doch die Computer Schach spielen, viel, viel besser als die allermeisten Menschen. Das ist doch ein Erfolg der Künstlichen Intelligenz." Nein, nein, ist es nicht. Das Schachspielen mit Computern hat angefangen mit der Aufgabe, dem Computer beizubringen, was der Schachmeister in seinem Kopf tut, wenn er den nächsten Zug macht. Es hat nicht lange gedauert, bis die Computer viel schneller geworden sind und die Speicherkapazität viel größer, und man konnte der Versuchung einfach nicht widerstehen, diese Geschwindigkeit und die Speicherkapazität auszunützen. Heute ist das schöne Schachspiel, das Computer spielen können, ganz und gar ohne Ausnahme der Erfolg der rohen Macht des Computers. Ich meine jetzt das Elektronische, die Speicherkapazität, nichts anderes. Das hat mit Künstlicher Intelligenz einfach nichts zu tun. Vielleicht sollte ich das so sagen: Im Weltklasse-Tennisspiel, Boris Becker usw., können beide Spieler so sehr gut spielen, daß sie dem Gegner nicht überlegen sind. Was sie machen: sie hoffen, daß der andere einen Fehler macht. Und so ist es auch im Schachspiel, wenn man wirklich gut Schach spielt. Irgendwann muß einer einen Fehler machen. Der Computer ist heute so weit entwickelt, kann so viele Millionen Rechnungen pro Sekunde machen und macht eben keine dummen Fehler beim Schach. Menschen machen dumme Fehler, auch raffinierte Fehler, aber der Computer macht das nicht. Es hat gar nichts mit Künstlicher Intelligenz zu tun.

Es hat damit zu tun, daß beim Menschen die momentane Befindlichkeit eine Rolle spielt.

Wir Menschen – oder ich sollte von mir selbst reden – ich kann kein Auto aufheben, es ist viel zu schwer. Gewisse Maschinen können das. Vielleicht hat diese Maschine einen Arm, der so aussieht wie ein menschlicher Arm. Manche Menschen können im Schachspiel drei, vier, vielleicht fünf Züge voraussehen, aber nicht mehr. Der Computer kann eben viel tiefer sehen, in dem Sinne, daß er viel mehr Züge voraussieht. Das ist einfach die rohe Macht des Rechnens, genauso wie bei dem Kran: Es ist die rohe Macht des elektrischen Motors, der das Auto aufheben kann.

Und die Konkurrenz damit ist absurd, also, zu sagen, das kann ich nicht ...

... und deswegen ist der Kran viel besser als ich oder sogar ein besserer Mensch oder: Gott war ein unfähiger Ingenieur. Das ist alles absurd.

Das hat auch damit zu tun, daß der Computer in einer Sekunde eine so große Anzahl von Rechenoperationen durchführen kann, wie ich es natürlich nicht kann. Deshalb ist er ja nicht intelligenter als ich. Ich merke, daß der Intelligenzbegriff, der so unterschwellig darin steckt, immer mit Quantität verbunden ist, während die eigentlichen Intelligenzleistungen ja eher in der Selektion liegen.

Oh ja, wir könnten zum Beispiel über Computerkunst sprechen und über die Frage, ob der Computer Kunstwerke herstellen kann, zum Beispiel Gedichte schreiben oder Musik komponieren. Da müssen wir uns fragen: Was macht der Künstler überhaupt? Es hat auf einer wichtigen Ebene mit Selektion zu tun. Ich glaube, ein gutes Beispiel ist die gefundene Kunst. Man läuft am Strand entlang, da ist ein Stück Holz, und man nimmt es mit und stellt es dann zu Hause auf den Tisch als ein Kunstwerk. Wo ist die Kunst? Die Kunst ist, daß der Mensch, der das gemacht hat, dieses Stück Holz gesehen und ausgewählt hat statt eines anderen. Die Kunst liegt in der Selektion.

Das ist es auch beim Gedichtschreiben. Es ist ein Dialog, den man mit sich selbst führt und auch mit dem, was man wahrnimmt.

Wir alle wissen viel mehr, als wir sagen können. Wir alle wissen Dinge, die wir nicht aussprechen können. Der Dichter versucht, diese Grenze zu überschreiten und eine Idee auszudrücken, die innerhalb der Grenzen der üblichen Sprache nicht ausgedrückt werden kann. Da erfindet er Methoden, den Reim zum Beispiel. Er versucht, die Grenzen der üblichen Sprache zu überschreiten, um eine Idee auszusprechen. Es ist jedoch die Katastrophe des Dichters, daß es ihm nie ganz gelingen kann. Es kann nie gelingen, eine Idee absolut auszusprechen. Die Dichtung selbst hat jetzt Grenzen, und die versucht dann jemand anders zu überschreiten. In diesem Sinn ändert sich überhaupt die ganze Dichtung. Niemand dichtet heute, wie Goethe gedichtet hat. Das bedeutet nicht, daß wir heute besser dichten oder schlechter, die Grenzen verschieben sich eben. Das ist auch ein Beitrag des Künstlers, daß es ihm manchmal gelingt, die Grenzen ein bißchen weiter zu schieben, auch für den Nichtkünstler. Jedenfalls bedeutet das für mich, daß ein Gedicht in erster Linie ein Versuch ist, eine Idee auszudrükken. Und jetzt kommt die Frage: Kann ein Computer ein Gedicht schreiben? Die Gegenfrage muß sein: Kann ein Computer eine Idee haben? Ich will diese Frage nicht beantworten, statt dessen würde ich lieber fragen: Wie würden wir eine Idee, die der Computer hat, entdecken? Die Gedichte, die heute als Computergedichte verkauft werden, sind von einem grammatischen Verfahren hergestellt. Sie sind in einem ganz strengen Sinn ein Ergebnis eines Zufalls. Da ist keine Idee, mit der es anfängt, sagen wir zum Beispiel die Idee der Einsamkeit. Deswegen würde ich sagen, es sind keine Gedichte.

Klaus Haefner, mit dem ich mal gestritten habe, gerade über diese Frage, produziert zwei Gedichte, die er vorliest. Eins wurde vom Computer gemacht und das andere von einem Mensch, und er fordert einen auf, sie zu unterscheiden. Dann ist es zu spät. Da ist ein Text, von dem ich nicht weiß, wo er herkommt, und wenn ich ihn als Gedicht erkenne, bin ich der kreative Geist.

Weil ich etwas wiederfinde und erkenne.

Ja, ich kann es wiederherstellen. Der Computer sowie auch der Plattenspieler oder Kassettenrecorder kann mich stimulieren. Was auf der Platte oder auf dem Tonband ist, das ist nicht Musik, das sind magnetische Teilchen. Ich mache Musik daraus. Ich kann mir vorstellen, da spielt die Siebente Symphonie von Beethoven, und jemand kommt herein und sagt: Schalte doch den Krach ab. Für ihn ist es Krach.

Es gehört immer jemand dazu, der es als Kunstwerk erkennt, der es als solches wahrnimmt.

Der die Selektion macht. Von all dem Krach, der in der Luft ist, diese Selektion macht.

Noch einmal zur Literatur: Auch da ist es so, daß der Dichter nicht genau das, was er denkt, schreibt. Er findet einen Code dafür, wenn man so will. Vieles was weggelassen wird, unausgesprochen bleibt, ist das Wichtige. Wenn man sich ein Stück von Tschechow anschaut, wird einem ganz deutlich, daß die Leute über irgend etwas sprechen, was aber nicht das eigentliche Thema ist. Es ist darübergestülpt, aber man weiß, was damit gesagt werden soll. Hinter jeder Information steckt auch noch eine andere.

Ja, das ist der menschliche Kontext. Heute ist es Mode, über „computer understandig of natural language" zu sprechen. Dem Computer soll also beigebracht werden, die natürliche Sprache, zum Beispiel Deutsch und Englisch, gegenüber künstlichen Sprachen wie Computersprachen, zu verstehen. Das beinhaltet die Idee, daß ein Satz eine bestimmte Bedeutung hat. Ein Beispiel: der Satz „Das Kind wirft den Ball." Man könnte nun sagen, jeder weiß, was das bedeutet. Der Satz hat eine Bedeutung. Aber das stimmt nicht. Der Satz hat keine Bedeutung unabhängig von dem, der den Satz hört oder den Satz geschrieben oder gesagt hat, unabhängig von einem Kontext, der nur in menschlichen Zusammenhängen erklärt werden kann. Es ist eine interessante kleine Aufgabe. Nehmen wir einen ganz einfachen Satz wie „Das Kind wirft den Ball." Und jetzt fragen wir irgend jemand: „Was bedeutet dieser Satz?" Es ist einfach unausweichlich, daß der, der diese Frage ernst nimmt und zu sagen versucht, was der Satz bedeutet, jetzt eine Geschichte erzählen muß, also einen menschlichen Kontext herstellen muß. Wir können unendlich viele Geschichten herstellen. Ein ganz phantastisches Beispiel ist so ein Krimi mit Geheimagenten, und „Das Kind wirft den Ball" ist ein Code, der bedeutet: „Heute nicht". Und was bedeutet „Heute nicht"? Ich habe schon gesagt: Geheimagenten usw., und wenn ich jetzt sage „Heute nicht" – das bedeutet es, dann hat jeder so eine Geschichte im Kopf, was „Heute nicht" in so einer Krimisache bedeuten könnte. Ohne das geht es nicht. Und das bedeutet natürlich, daß die Sprache als solche oder der Satz als solcher oder dieser Absatz oder dieses Buch als Text keine Bedeutung hat, keine absolute Bedeutung. Die Bedeutung wird zugeführt von dem, der es liest, der es wahrnimmt. Jetzt kommt die Frage: Wenn das wirklich so absolut willkürlich ist, wie ich es eben geschildert habe, wie kommt es, daß wir uns überhaupt verstehen können? Einander verstehen können. Eine Antwort ist: Wir haben alle die Erfahrung, ein Mensch in dieser Welt zu sein, und das bedeutet, daß wir sehr viel gemeinsam haben, sehr, sehr viel.

An Grunderfahrungen.

Ja, Grunderfahrungen. Zum Beispiel hatten wir alle einmal die Aufgabe, uns von unseren Eltern zu trennen, ich meine nicht nur physikalisch zu entfernen, sondern auch psychisch. Davon verstehen wir etwas. Es kann sein, daß wir manchmal etwas mißverstehen – ja, das auch, aber jedenfalls ist solche Erfahrung ein Grund zu verstehen. Das ist das erste. Das zweite ist, daß die meisten Gespräche, die wir führen, die meisten Textverarbeitungen, die wir machen müssen, sich in einem ganz engen Kontext bewegen, in ganz engen Zusammenhängen, die mit dem Zweck der Besprechung zu tun haben. Zum Beispiel das Wort „Krankenhaus" – was bedeutet das Wort? Ja, es kommt darauf an. Wenn ich jetzt ein Taxi anrufe, und ich steige ein – vielleicht bin ich mit einer Frau zusammen, die ziemlich dick ist – und ich sage dem Fahrer ganz dringend: „Krankenhaus!", weiß er ganz genau, was das bedeutet. Aber wenn ich in einer U-Bahn sitze und auf einmal zu mir selbst, aber hörbar, sage: „Krankenhaus", gucken mich die Leute an und haben keine Ahnung, was das bedeuten könnte. Ein Phänomen, das wir im Westen beobachten können: Wenn man in ein feines Hotel geht, in ein teures Hotel in Paris oder in Rom oder in New York, dann scheint es, als ob der Concierge siebzehn Sprachen versteht. Sagen wir, wir sind jetzt in Paris, und man geht zu dem Concierge und sagt auf deutsch: „Ich habe meinen Kragenknopf verloren, und ich brauche ihn spätestens heute abend um acht Uhr, weil ich dann zur Oper muß." Das versteht er, und er versteht auch andere Dinge dieser Art. „Bitte, ich möchte gern ein Billett fürs Bolschoi haben." Aber wenn man jetzt anfängt über deutsche Politik zu reden oder darüber, was Freud über Kindheit gesagt hat, dann ist er verblüfft. Er kann überhaupt nichts verstehen. Das heißt, er wird angesprochen in ganz bestimmten Zweckbereichen, die sehr eng determiniert sind, weil er eben in einem Hotel ist. Wäre er in einem Krankenhaus, würde es etwas anderes sein, in einer Eisenbahn wieder etwas anderes.

Wir verstehen uns, denn die meisten Gespräche, die wir führen, sind zweckmäßig oder beruhen auf Grunderfahrungen, einfach weil wir Menschen sind, so daß wir so etwas wie zum Beispiel Einsamkeit – ich muß sagen, fast in Anführungsstrichen – „verstehen". Es kann sein, daß mein Begriff „Einsamkeit" ziemlich anders ist als Ihrer. Das kommt davon, wie ich eben gelebt habe.

Selbst wenn wir Menschen eine bestimmte Grundausstattung von Erfahrungen haben, die bei allen gleich oder ähnlich ist, so schafft das zwar Voraussetzungen für Verständnis, aber eine Garantie ist es ja nicht.

Es gibt keine Garantie. Ich kann Ihnen garantieren, daß wir Menschen uns nicht absolut verstehen können. Wir sind alle das Ergebnis unserer eigenen Geschichte. Und wir sind auch das Ergebnis der Geschichte der Menschheit überhaupt. Da sind wir ein Teil einer Familie. Es gibt Dinge, die Japaner ganz anders verstehen als wir. Wir können, wenn darüber geschrieben wird, die Sätze verstehen, aber es gibt verschiedene Ebenen des Verstehens. Wir, Sie und ich jedenfalls, als zwei Europäer, sind nicht als Japaner sozialisiert und können das japanische Leben nur ganz begrenzt verstehen. So ist es, und das ist schön! Es würde fürchterlich sein, wenn wir alle dieselbe Geschichte hätten, es würde sehr langweilig sein. Wir sprechen miteinander, weil es eben Unterschiede gibt. Ich sitze in einem Restaurant und bin von Menschen umgeben, die miteinander sprechen. Und auf der Straße sehe ich Menschen, die miteinander sprechen. Und in diesem Gebäude sind Menschen, die miteinander sprechen. Und dann denke ich, wie viele Millionen Menschen gibt es heute, und wie viele Gespräche finden jetzt gerade statt, und wie lange ist das schon so der Fall, also Tausende von Jahren, und wir haben immer noch etwas zueinander zu sagen! Es ist wirklich erstaunlich, daß wir uns nicht ausgeredet haben! Wollen wir die Frage ein bißchen ernst nehmen, nur einen Moment: Warum ist das so? Es hat damit zu tun oder es ist das Ergebnis der Tatsache, daß wir sterben müssen. Wir müssen die Welt immer wieder neu regenerieren, deswegen ist die Welt immer anders, als sie gestern war. Das ist für uns interessant, und darüber reden wir.

Und wir werden auch weiterreden.

Ja, wir werden weiterreden. Das erinnert mich es hat vielleicht mit dieser Sache zu tun – ich habe einmal Isaac Bashevis Singer gehört. Er war ein wunderbarer alter Mann, und er hat Geschichten erzählt. Er war traumhaft! Seine Bücher sind traumhaft, aber wenn man ihn hörte, war es noch besser. Dann hat er auch mit uns gesprochen, und da hat jemand, wie ich dachte, eine dumme Frage gestellt. Ich war ein bißchen in Verlegenheit, daß ihm so eine Frage gestellt wird – Singer schreibt doch auf Jiddisch, nicht? – die Frage lautete: „Was für ein Gefühl ist es, wenn man weiß, daß man in einer sterbenden Sprache schreibt?" Die Antwort darauf war sehr klug. Er sagte: „Vor zweihundert Jahren war Jiddisch schon eine sterbende Sprache, es ist heute eine sterbende Sprache, und es wird noch sehr lange eine sterbende Sprache bleiben." Das hat etwas mit dem zu tun, worüber wir reden. Wir sprechen in einer sterbenden Sprache, und man könnte sogar sagen, daß es unmöglich ist, in einer nicht sterbenden Sprache zu sprechen. Sie wird immer neu geboren. Das ist faszinierend. Das ist ein Abenteuer, das wir fast unbewußt mitmachen.

EIN VIRTUELLES GESPRÄCH

Was sagen Sie zu einem Begriff wie „ein virtuelles Gespräch"? Der Begriff „virtuell" taucht ja seit einiger Zeit in allen möglichen Zusammenhängen auf, nicht nur auf Computer bezogen.

„Ein virtuelles Gespräch" – so etwas wird gesagt, oder es werden Witze gemacht, und vielleicht sind sie nicht so witzig gemeint. „Ich war virtuell da." Ich glaube, es ist ein Phänomen, das wir schon öfters beobachtet haben, besonders in der letzten Hälfte dieses Jahrhunderts, aber auch früher. Es ist ein Phänomen, das auch von Uwe Pörksen in seinem

Buch „Plastikwörter" beschrieben wird: Die Wissenschaft oder die Technik, also diese „community", übernimmt ein Wort, das schon in der Sprache vorhanden ist, wie zum Beispiel das Wort „Katastrophe", und benutzt es für einen wissenschaftlichen Zweck, das heißt mit einer ganz besonderen Bedeutung, die eng mit diesem wissenschaftlichen Bereich verbunden ist. Vielleicht hat es mit dem Charakter der heutigen Kommunikationsmedien zu tun, vielleicht auch mit dem großen Prestige der Wissenschaft, daß die Medien über diese Neuigkeiten berichten und natürlich auch über das Wort, das eben jetzt benutzt wird. So schleicht sich das Wort – ich weiß nicht, vielleicht ist das gar nicht richtig, daß es schleicht – so rennt das Wort dann in die allgemeine Sprache und verliert die Bedeutung, die es im wissenschaftlichen Bereich hatte. Die ist viel zu detailliert, viel zu spezialisiert. Man müßte einfach zuviel wissen, um wirklich zu verstehen, wie es gemeint war. Im Transfer von der Wissenschaft zurück zur allgemeinen Sprache verliert das Wort leider auch die ganz besondere Bedeutung, die es vorher in der allgemeinen Sprache hatte. Dann wird es ein Modewort. Dann verhalten sich Leute so, als ob es ihnen ein gewisses Prestige verleiht, wenn sie das Wort im täglichen Gespräch benutzen. Das Wort „virtuell" ist diesen Weg gegangen in den letzten – ich weiß nicht, ich bin in Versuchung zu sagen: seit Beginn der neunziger Jahre. Es kann sein, daß es ein bißchen länger her ist, aber es ist interessant, daß so etwas immer schneller geht. Ein früher Fall, der erste Ernstfall, an den ich mich erinnern kann in diesem Spiel oder in diesem Verfahren, ist das Wort „Relativität". Das Wort hatte dieses Schicksal in den frühen zwanziger Jahren und ist natürlich mit Albert Einstein verbunden. Und man kann die Entwertung solcher Wörter sehr gut an diesem Beispiel erkennen, weil damals gesagt wurde, daß Einstein und die Wissenschaft bewiesen hätten, daß alles relativ ist. Gerade dieses „alles" bedeutet dann, daß es keine absoluten Werte gibt. Es kann auch keine universellen Gebote geben. Damit hat das Wort einen Sinn angenommen, der erst einmal nicht gemeint war, bestimmt nicht von Einstein, und der so viel umfaßt, daß das Wort völlig entwertet und dadurch nutzlos geworden ist. So ist es jetzt mit dem Wort „virtuell". Wenn man daran erinnern will, wie das Wort früher, vor kurzer Zeit benutzt wurde, dann sollte man vielleicht das folgende Beispiel nennen: Wenn ich einen Spaziergang beschreibe und sage, „es war virtuell Nacht", dann hat das früher, also vor sehr kurzer Zeit bedeutet: Obwohl es nicht Nacht war, waren alle Eigenschaften vorhanden, die man mit Nacht verbindet. Es ist sehr wichtig, zu erkennen, daß man mit dem Satz anfangen muß: Obwohl es nicht Nacht war ... Wenn man sagt, A ist virtuell B, dann behauptet man zumindest, daß A nicht B ist. Es ist etwas anderes.

Ist das immer die Voraussetzung?

Ja, das muß die Voraussetzung für dieses Wort sein. Man könnte es auf Deutsch übersetzen mit „als ob". Es war, als ob es Nacht wäre. Und das bedeutet doch, es war nicht Nacht. Und es bedeutet auch, daß es für den Zweck, der da besprochen wird, so war, als ob es Nacht wäre. Für diesen Zweck waren alle Eigenschaften da, die zu diesem Zweck gehören und die mit Nacht zu tun haben. Das Wort „virtuell" ist eng mit Zweck verbunden. Eine andere Übersetzung ins Deutsche könnte sein: praktisch. Es war praktisch Nacht. Noch einmal: Wenn man „praktisch" sagt, dann meint man: ja, nicht ganz, aber für die Praxis, über die wir jetzt sprechen, war es so, als ob.

So gut wie ...

Ja, so gut wie. Also: „Ich habe eine Frau am Strand gesehen. Sie war praktisch nackt." Da stellt sich niemand vor, daß ich jetzt von einer nackten Frau spreche. Und wenn ich auf englisch sage: „I saw a woman on the beach. She was virtually naked", dann stellt sich ebenfalls niemand vor, daß sie nackt war. Das ist die Bedeutung, die in diesem Wort „virtually" liegt. Heute allerdings soll es ein Witz sein, wenn Leute zueinander sagen: „Wir hatten ein virtuelles Gespräch". Es soll entweder witzig sein oder es bedeutet, und das ist viel häufiger der Fall, daß es keinen Unterschied gibt zwischen der einen Situation und der anderen. Es wird zum Beispiel von „virtual space" – virtuellem Raum gesprochen. In der Populärliteratur wird betont, daß man wirklich in diesem virtuellen Raum herumgehen kann, als ob man da wäre. Es wird sehr viel darüber geschrieben, daß es in der Zukunft nicht mehr nötig sein wird, tatsächlich da zu sein, weil man ja „virtually" da sein kann. Das meint wieder einmal „for all practical purposes" – für alle praktischen Zwecke. Natürlich bleibt da etwas weg, es muß etwas wegbleiben. Ich glaube, dieses Wort führt fast dazu, das Weglassen von wesentlichen Dingen zu trainieren. Ich möchte zum Wort „Training" ein Beispiel nennen: Ich sitze sehr oft im Flugzeug, fliege hin und her, Europa–Amerika und innerhalb von Amerika und innerhalb von Europa. Menschen, die viel fliegen, wissen, daß ein kleiner Gong dabei ist, wenn irgendein Schild, zum Beispiel das NO-SMOKING-sign oder BITTE-ANSCHNALLEN-Schild, an- oder ausgeschaltet wird. Ein kleiner Gong, und dann sieht man, daß das Schild sich geändert hat oder geändert wurde. Ich bin da in der Luft wie ein Pawlowscher Hund: Wenn ich diesen Gong höre, gucke ich sofort hinauf. Welches Schild wurde jetzt angeschaltet oder ausgeschaltet? Manchmal sind es Passagiere, die die Stewardess rufen, die den Gong auslösen. Trotzdem blicke ich auf. Ich habe gesehen, daß andere das auch machen, genauso wie ich, und es sind fast nur Männer. Das bedeutet, es sind Geschäftsleute, die sehr viel herumfliegen und genauso trainiert sind. Der Begriff „Training" ist mir hier eingefallen. Es ist nicht, daß da irgendwo irgend jemand sitzt, der absichtlich dieses Training entworfen hat, aber es existiert trotzdem. Ich denke an die Verarmung, an die Entwertung der Sprache, aber auch an das Training der Entwertung der Realität. Man kann abstrahieren, das bedeutet auch, man läßt viele Sachen beiseite, und es geht scheinbar nichts Wichtiges verloren. Eine Art Training, die Welt immer mehr als abstrakt zu empfinden und wahrzunehmen und viele viele Sachen wegzulassen, die „natürlich" in Anführungsstrichen nicht wichtig sind.

Sie haben vorhin gesagt, der Begriff „virtuell" habe zu tun mit bestimmten Zwecken. Man hat ihn angewandt, vielleicht in bestimmten Versuchsanordnungen, um etwas zu beobachten. Da hat man Dinge weggelassen, die für diese Beobachtung unwesentlich sind.

Ja, genau.

Für diesen einen Fall.

Und das wird dann verallgemeinert. Wenn die Aerodynamik eines Flugzeugs in einem Windkanal untersucht werden soll, spielt die Farbe des Flugzeugs, dieses Flugkörpers absolut keine Rolle. Man kann sie weglassen. Da sind zwei Flugkörper sozusagen „virtually" identisch, obwohl einer schwarz ist und der andere rot. Für diesen Zweck ist das so. Ich glaube, daß wir uns an eine solche Ausdrucksweise und gerade jetzt an dieses Wort gewöhnen. Ob wir es wollen oder nicht, das ist auch eine Anpassung an eine Weltwahrnehmung, in der eben nur die Parameter, die uns sozusagen ins Gesicht spucken, die offensichtlich da sind, die explizit sind, zählen. Alles andere ist unwichtig.

Wenn ich das Beispiel, das Sie vorhin genannt haben, aufgreife, das Wort „relativ" – „Relativität", und weiterdenke, auf mein Leben anwende, dann heißt das ja, daß ein Begriff wie Verantwortung wegfällt.

Genau. Und ganz bestimmt – da würde doch jeder zustimmen – ist das nicht das, was Einstein gemeint und gewollt hat. Das hat mit seiner Theorie der Relativität überhaupt nichts zu tun. Aber das kommt bei diesem Sprachgebrauch heraus. Es ist ein Ergebnis dieses Mißbrauchs der Sprache. Dazu sollte man aber sofort sagen, daß es natürlich nicht nur dieser Mißbrauch der Sprache ist, der ganz und gar und ganz allein dafür verantwortlich ist, daß das Bewußtsein der Verantwortung im Menschen verschwindet. Natürlich nicht. Er ist es nicht alleine, aber er geht in die Richtung, in der sich die Gesellschaft sowieso bewegt. Er beschleunigt dieses Verfahren, und ganz bestimmt wirkt er nicht dagegen. Ich denke, ein gesunder Gebrauch der Sprache – und ich meine jetzt das Wort „gesund" so wie in dem Begriff „die gesunde Vernunft" – würde dem Verlorengehen der Verantwortung entgegenwirken. Dazu muß man auch sagen, ein solcher Gebrauch würde es nicht alleine schaffen, daß jeder dort Verantwortung fühlt, wo er sie fühlen sollte. Das nicht, aber es ist eine sehr wichtige Komponente, vielleicht sogar eine Art Gradmesser für die Verdorbenheit der Gesellschaft in dieser Hinsicht. Vor einer Gesellschaft, die so sprechen kann, sollte man vielleicht Angst haben.

Es sagt etwas Entscheidendes über die Gesellschaft aus, daß sie den Begriff in dieser Weise benutzt.

Mißbraucht. Einerseits völlig automatisch, andererseits sieht es aus, als ob Menschen das mit dem größten Enthusiasmus machen.

Ich habe neulich einen Videofilm gesehen, der ein „virtuelles Gespräch" zwischen Ihnen und Marvin Minsky zeigte. Da waren zwei unabhängig voneinander aufgenommene Interviews zusammenmontiert an Hand von bestimmten Stichworten, die gefallen sind. Es sollte so aussehen, als ob einer auf den anderen reagiert, obwohl Sie sich nicht direkt ansprechen. Die Idee ist ganz witzig, aber mit „Gespräch" hat es überhaupt nichts zu tun.

Es ist ja tatsächlich so, daß ich viel von Minsky gelesen und seine Ideen wahrgenommen habe und umgekehrt, daß er viel von mir gelesen und meine Ideen wahrgenommen hat. Außerdem haben wir oft miteinander gesprochen. Es ist nicht so, als ob die Ideen, die wir aussprechen sich nicht tatsächlich irgendwann irgendwo begegnet sind. Aber gerade dieses „Gespräch", das Sie erwähnt haben, diese „Begegnung", bei der wir beide nicht anwesend sind – was auch immer das ist, ein Gespräch ist es nicht. „It was virtually night" – Es war, als ob es Nacht wäre. Das bedeutet, Nacht war es nicht. Und hier kann man sagen: ein virtuelles Gespräch – was auch immer es ist, es ist kein Gespräch. Es würde einem Gespräch schon ein bißchen näherkommen, wenn mir ein Film vorgeführt worden wäre, in dem Minsky etwas sagt. Der Film wird gestoppt, und jetzt kann ich etwas sagen, ich kann reagieren. Das kommt einem Gespräch schon ein bißchen näher, aber natürlich ist es auch kein Gespräch zwischen Menschen, denn wenn ich etwas sage, sollte das doch den Zustand, in dem mein Gesprächspartner ist, verändern. Sonst ist es eben kein Gespräch. Es ist überhaupt keine Menschenbegegnung. Überhaupt keine

Begegnung. Es ist ein Zeichen unserer Zeit, daß so viele Leute so etwas einfach hinnehmen. Wenn ihnen gesagt wird, in diesem Zimmer wird ein virtuelles Gespräch zwischen Minsky und Weizenbaum gezeigt, sagt niemand: „Na, Augenblick mal, die sind doch gar nicht hier." Es ist also völlig normal geworden, und zwar in kürzester Zeit. Vorhin habe ich das Wort „Katastrophe" erwähnt. Es ist lange her, vielleicht zehn Jahre, da kam in der Mathematik bzw. in der angewandten Mathematik eine Theorie auf, die Katastrophentheorie. Sie hatte eine ganz formale Bedeutung in einem bestimmten Bereich, die wirklich so gut wie nichts mit dem üblichen Begriff „Katastrophe" zu tun hatte. Auch dieser Begriff wurde zu einem Modewort. Viele Leute können sich sicher nicht mehr daran erinnern, es kam und ging, es hat gar nicht lange gedauert. Das zeigt, daß es wirklich keine Bedeutung hatte. Heute ist „Chaos" so ein Wort. Ein Beispiel: ein Kollege von mir am MIT hat sich einen Computer gebaut, der einen ganz besonderen Zweck hat. Es ist eine Art Planetarium. Dieser Computer kann nichts anderes, als die Bahnen der Sterne und der Planeten nachbilden. Er kann nichts anderes, aber er ist für diesen Zweck ultraschnell. Diese Dinge errechnet er viel schneller, als es der allerschnellste Supercomputer überhaupt kann. So hat mein Kollege die Bahnen der Planeten ausgerechnet, rückwirkend bis, sagen wir, vor zehn Millionen Jahren und vorausschauend bis hundert Millionen Jahre. Dabei hat er folgendes herausgefunden: Wenn man die Anfangsparameter, die Zahlen, mit denen man zu rechnen anfängt, ein ganz winzigkleines bißchen ändert, sieht der Himmel in Millionen und Millionen und Millionen Jahren ganz anders aus, als er aussehen würde, wenn man das nicht geändert hätte. Und gerade das nennt man Chaos, daß eine ganz kleine Änderung irgendwo im Anfang später eine riesengroße Veränderung bewirkt. Ich glaube, der erste, der das angewandt hat, war ein Meteorologe, ein Professor der Meteorologie am MIT. Er hat gesagt, wenn ein Schmetterling in China von einer Blume wegfliegt, beeinflußt das das Wetter in Chicago. Das wird heute sogar „The Butterfly Effect" – der Schmetterlingseffekt genannt. Er meinte damit eine winzige Änderung. Das bedeutet natürlich auch, daß es nicht möglich ist, solche Verfahren so genau zu simulieren, daß man sagen kann: „In zehn Jahren, in hundert Jahren, in tausend Jahren wird es mit Sicherheit so aussehen." Man weiß nie, welche ganz kleine Änderung irgendwo etwas völlig anderes bewirkt hat oder bewirken wird. Und jetzt steht in der Zeitung: „MIT-Professor proves universe chaotic." Ein MIT-Professor hat also bewiesen, daß das ganze Universum chaotisch ist. Jetzt kommen Leserbriefe, in denen steht, „Naja, was hat es überhaupt für einen Sinn, gut zu sein ...?"

Eine Ordnung zu schaffen ...

... irgendwie eine Ordnung zu schaffen in unserem eigenen Leben, in der Politik, in der Geschichte? Jetzt wissen wir ja, daß das Universum chaotisch ist. Das ist ein absolutes Mißverständnis. Dieser Gebrauch von „chaotisch" ist heute, man könnte fast sagen, universell. Aber ich möchte vorhersagen, daß das nicht lange dauern wird. Es wird genauso schnell verschwinden wie das Wort Katastrophe. Was ich sehr schade finde, was ich sehr bedaure, ist, daß viele Leute, die im technischen Bereich arbeiten, das Wort einfach adaptiert haben. Wir werden jetzt mit einer ganzen Literatur konfrontiert, die auf diesem Wort aufgebaut ist und die einfach Quatsch ist.

Glauben Sie, daß das mit dem Begriff „virtuell" auch geschehen wird?

Es ist schon da. Ich habe noch keine Anwendung gesehen, die mich wirklich erschreckt hat. Was ich in diesem Zusammenhang erschreckend finde, sind ein paar andere Dinge. Eins ist, wie sehr schnell, fast explosiv, die kleinsten Entwicklungen – ich will gar nicht sagen „Fortschritte" – in einem Gebiet wie zum Beispiel der Computersimulation erst einmal verallgemeinert werden und dann als Ecksteine, „corner stones", ganzer Gebäude benutzt werden. Ich meine damit, daß jetzt an vielen Orten behauptet wird, der Begriff „virtual reality" und die Erfahrung, sich in einer solchen Realität zu bewegen, werde das Bewußtsein der Menschen ändern. Es wird behauptet, daß wir jetzt eine ganz neue Welt herstellen oder daß wir in eine ganz neue Welt einwandern und in wenigen Jahren ganz anders denken werden, als wir heute denken. Nicht nur werden, sondern werden müssen. Das ist großer Unsinn. Ich weiß nicht, wie lange es her ist, vielleicht achtzig Jahre, da gab es einen großen Zauberer, Houdini, der alles mögliche konnte. Natürlich war alles Illusion. Hätte damals jemand gesagt: „Jetzt, wo wir sehen, daß ein Houdini möglich ist, müssen wir unser ganzes Denken umstellen, alles wird anders, wir müssen umdenken"? Das wäre genauso reiner Unsinn gewesen. „In general public", also in der Öffentlichkeit ist die Idee existent und verbreitet, daß es heute schon Versuche in Laboratorien gibt, bei denen ein Mensch sich tatsächlich in einem solchen virtuellen Raum bewegt, mit der Illusion, tatsächlich dort gewesen zu sein. Und welche Dinge vorhergesagt werden: Wir werden nicht nur einen elektronischen Handschuh haben (den haben wir ja schon, aber er ist recht primitiv), sondern ganze Anzüge, so daß auch unser Körper in dieser Welt sichtbar wird und sich bewegt. Es wird sogar davon gesprochen, daß man nicht nur eine visuelle und auditive Rückkopplung von dieser „Realität" bekommt, sondern man wird sie auch spüren, fühlen und riechen können. Mit all unseren Sinnesorganen können wir dann diese Welt erfahren. Es wird heute ganz selbstverständlich davon gesprochen, als ob es schon da ist, als ob wir es haben, und als ob es nicht mehr lange dauern wird, bis jeder dazu Zugang haben wird wie heute zum Fernsehen, und das wird dann die ganze Welt verändern. Unter anderem wird schon von „virtual sex" gesprochen – wieder einmal muß ich sagen, von Leuten, die es viel besser wissen sollten. In diesem Raum oder mit diesen Methoden sollen alle möglichen und unmöglichen Welten hergestellt werden können. Alle Erfahrungen, die überhaupt möglich sind, und sogar solche, die nicht möglich sind, wird man damit machen können. Es wird davon gesprochen, daß sich das Bewußtsein des Lebens verändern muß. Für jeden Menschen! Ich denke jetzt daran, daß mit den heutigen Mikroskopen – sie sind ja nicht mehr optisch, sie sind elektronisch – Moleküle zu sehen sind. Es ist, als ob man nun sagt: „Heute, da jeder das einzelne Atom sehen kann ..." Aber das ist doch etwas anderes, denn die Phantasie, daß man einem Menschen virtuell begegnen kann, wird sich nicht realisieren und wird unser Denken nicht verändern, aber die Phantasie selbst sagt etwas über uns aus. Daß wir solche Phantasien haben, daß solche Phantasien unterstützt, weitergegeben und mit Prestige beladen werden, kann einen Effekt auf unsere Welt haben, und ich glaube, keinen gesunden Effekt.

Das erinnert mich an das Beispiel des virtuellen Gesprächs, das ja auch eine Reduktion ist: eine Reduktion von Gespräch und ein Mißverständnis von Gespräch.

Reduktion würde ich es nicht nennen. Eine Reduktion wäre es, wenn ich ein Teil von einem Ganzen nehme, und dann ein Teil von diesem Teil und dann noch ein Teil von diesem Teil usw. Ich reduziere es, ich lasse Sachen weg, aber was ich übrig habe, ist immer noch ein Stück des Originals. Wenn man zwei Filme zusammensteckt und die Akteure, die da erscheinen, tatsächlich nichts miteinander zu tun gehabt haben, dann ist das keine Reduktion. Es ist nicht so, daß tatsächlich etwas stattfand. Reduktion ist doch ein Teil der Analyse, und hier haben wir eine Synthese. Etwas wurde synthetisch aufgebaut. Und es ist etwas, was tatsächlich nicht existierte. Und was existiert heute? Man ist in Versuchung zu sagen: „Aber jetzt gibt es das Gespräch." Nein, jetzt gibt es das Video.

ABSTRAKTES, SEKUNDÄRES UND DIE VERKÜMMERUNG VON ERFAHRUNG

Das erinnert mich an Berichte im Time Magazine vor langer, langer Zeit. Da wurden Artikel wie folgende veröffentlicht: Der Außenminister von Amerika sitzt mit dem Botschafter der Sowjetunion nach dem Krieg im Abteil eines Zuges, und Time Magazine berichtet, was sie zueinander sagen, zum Beispiel so: „Dann erhebt Dulles seine Stimme und sagt ... Man konnte an Molotows Reaktion sehen, daß er nicht einverstanden war." Da müßte man Time Magazine doch fragen: „Waren Sie dabei? Haben Sie das gesehen?" Natürlich waren sie nicht dabei. Aber sie berichteten es, als ob sie wirklich eine Fliege an der Wand gewesen wären. Wie würde man das heute nennen: einen „virtuellen Report" oder eine „virtuelle Beobachtung"? War es ein „virtuelles Gespräch"? „For all practical purposes" war das Gespräch so. Ob es tatsächlich so war oder nicht, ist eine andere Frage. Was dabei zu beachten ist: wenn jemand sagt, „für unsere Zwecke war es so als ob", dann ist der, der das gesagt hat, derjenige, der bestimmt, welche praktischen

Zwecke erlaubt sind und welche nicht. Ich könnte dazu sagen: „Gut, aber nicht für meinen Zweck."

Aber in dem Moment, wo diese Begriffe Einzug in den Alltag halten und immer da sind, ist man sich dessen nicht mehr bewußt.

Das ist ein Verlust der kritischen Instanz. Wie ich eben gesagt habe: Jemand bestimmt, welche Zwecke passen, und dann könnte ich erwidern, „Ja, das ist zwar sehr schön, aber das sind nicht meine Zwecke." Das bedeutet, daß ich mir eine gewisse kritische Fähigkeit bewahrt habe und daß ich sie ausüben kann. Aber wenn mich das überschwemmt, wenn ich gar nicht mehr weiß, daß hier praktische Zwecke definiert werden, wenn ich mir dessen gar nicht bewußt bin, dann habe ich in diesem Bereich meine kritischen Fähigkeiten verloren. Und das ist sehr, sehr ernst! Ich würde nicht sagen, daß der Mißbrauch des Wortes „virtuell" in dem Sinn, in dem wir darüber gesprochen haben, den Anfang des Verlustes der kritischen Fähigkeit der Menschen bedeutet, aber er paßt in eine Bewegung, die sowieso stattfindet. Wir sehen die Welt immer mehr abstrakt. Wenn wir von „abstrakt", von „abstrahieren" sprechen, sollten wir uns auch daran erinnern, was das Wort bedeutet. „Abstrakt" besteht aus zwei Teilen. Der erste Teil ist ab-, und dann kommt -strakt. Ab- bedeutet weg von, und -strakt kommt von trahere, hat also mit ziehen zu tun. Das Wort Traktor zeigt es übrigens sehr anschaulich. Wenn man abstrahiert, dann zieht man etwas weg. Wovon? Von der Realität? Wir sind daran gewöhnt zu sagen, daß unsere Kinder, die heute Naturfilme im Fernsehen sehen – diese abstrakte künstliche Wiederherstellung der Welt – so viel mehr wissen, als wir in ihrem Alter gewußt haben. Damit sagen wir, daß die abstrakte Welt, der die

Kinder heute begegnen, so gut ist wie die reale Welt, vielleicht sogar besser.

Das ist eine Verkümmerung von Erfahrung.

Noch schlimmer: Es ist eine Verkümmerung der Möglichkeit, etwas zu erfahren. Man sieht die Leute, die in Touristenbussen sitzen und vor Denkmälern aussteigen mit ihren Videokameras. Sie reisen durch die Welt und sie bringen diese Videos mit nach Hause, wo sie sicherlich ihre Freunde zwingen, sich anzuschauen, wo sie waren, zum Beispiel in Ägypten. Sie sind bestimmt hingefahren, man kann beweisen, daß sie da waren. Man sieht es ja in den Videoclips. Aber eins ist ganz sicher: Sie haben es nicht erfahren. Sie waren so voll beschäftigt mit dieser Technik, um eine Attraktion herzustellen von Ägypten oder Tahiti, daß es ihnen nicht möglich war, das Land tatsächlich zu erfahren. Ich glaube, das ist wirklich eine Metapher für einen großen Teil der Armut unserer Erfahrungsmöglichkeiten heute.

Es wird ja immer das Gegenteil behauptet. Es wird behauptet, daß man durch dieses Mehr an Wahrnehmungsmöglichkeiten heute viel mehr kennt …

Das stimmt überhaupt nicht. Außerdem muß man fragen: Wer bestimmt die Grenzen meiner Erfahrungskapazität? Oder: Wie werden diese Grenzen gezogen? Wir können nicht alle Goethe sein. Aber denken wir an Goethe als ein Spitzenbeispiel: Er versuchte mit seinen eigenen Augen, mit seiner eigenen Nase, mit seinen eigenen Fingern, die Welt zu erfahren und mit seiner Sprache zu beschreiben. Das ist ein Musterbeispiel. Heute sind die Erfahrungen, die wir, die viele Menschen haben, sekundär. Es wird irgend etwas über etwas gesagt. Es wird A über B gesagt, aber man erfährt B nicht. Wer zieht diese Grenzen? Die Linie, hinter der wir nichts erfahren können. Wie wird sie gezogen und von wem? Ein Beispiel, daß das vielleicht klarmacht: Wir kaufen uns einen Farbfilm für unsere Kamera. Wir gehen in der Welt herum und fotografieren. Es entstehen schöne Farbbilder, die wir stolz zeigen und die uns daran erinnern, daß wir da waren. Aber die Farben, die diese Bilder wiedergeben können, sind beschränkt. Es sind nicht alle Farben. Manche sind überbetont, und manche sind unterbetont. Was wir auf diesen Bildern sehen, ist nicht nur ganz offensichtlich, sondern in einem tieferen Sinne nicht das, was da war. Ganz besonders dann, wenn wir zwanzig Jahre lang herumgehen, fotografieren und uns später die Bilder ansehen, sehen wir die Welt in den Farben, von denen irgend jemand bei Fuji oder Kodak entschieden hat, daß wir sie sehen dürfen oder sehen sollen. Die anderen Farben sind einfach nicht da. Ich glaube, wir leben fast unser ganzes Leben lang innerhalb solcher Grenzen. Ich denke auch an die Musik. Wie oft geschieht es in unserem Leben, daß wir Musik hören, die nicht irgendwie elektronisch behandelt wurde, bevor sie zu unseren Ohren kommt? Wie oft machen wir diese Erfahrung? Wie oft hören wir jemanden tatsächlich eine Geige spielen? Bestimmt nicht im Nightclub und nicht im Radio und nicht auf CDs. Nun kann man sagen: „ja, aber die CDs sind doch so gut." Die Compact Discs geben nicht wieder, was da war. Sie geben ein bestimmtes Spektrum wieder. Etwas anderes wurde uns sozusagen nicht zu hören erlaubt von den Leuten, die bestimmen, wie eine CD hergestellt wird.

Wir laufen irgendwo auf der Straße, und wir hören eine Geige. Da steht ein Bettler, und er spielt „Ave Maria" auf der Geige. Es kann sein, daß ein Heifetz sich die Ohren zuhalten würde – ich glaube es nicht, aber es kann sein –, weil es so furchtbar schlecht gespielt wird, aber es ergreift uns.

Warum? Es ist, um Gottes Willen, eine Geige! Wann habe ich das zum letzten Mal gehört, außer aus einem Lautsprecher, meine ich? Man kann heute sagen, daß die meisten Menschen der Mittelklasse heute viel, viel mehr Musik kennen, als Menschen ihrer Klasse es im 18. Jahrhundert oder sogar im 19. Jahrhundert taten. Wir haben Hunderte von Schallplatten, Tausende vielleicht, wir erkennen eine Mozart-Symphonie, wenn wir drei Noten hören. Wir denken, wir sind reich, aber dann sollten wir einmal zu einer Probe gehen, zum Beispiel in der Berliner Philharmonie. Das ist ganz anders! Man muß sich unbedingt bewußt werden: Wir selbst bestimmen nicht die Grenzen, wo die Töne verschärft werden, wo sie gedämpft werden. Das bestimmen wir nicht, das bestimmt eine ganz andere Welt für uns. In diesem Sinn könnte man vielleicht sogar sagen, daß die reale Welt, die wir erfahren, eine virtuelle Welt ist. Ich möchte das aber nicht zu laut sagen, denn ich will das Wort „virtuell" nicht unterstützen, weil es mißverstanden werden kann.

Es bezieht sich auf etwas Sekundäres, wir erfahren es als etwas Sekundäres. Ich habe vorhin daran gedacht, daß manchmal Bilder, die ein Maler gemalt hat – zum Beispiel ein sehr gutes Porträt – und in denen natürlich sehr viel von der Individualität des Malers steckt, dem Porträtierten ähnlicher sind, als es ein Foto ist.

Das ist interessant: Bevor Sie das Wort „Maler" sagten, habe ich auch gerade an Malerei gedacht. Dieselbe Idee ist mir gekommen. Denken wir an den Mann mit dem Goldhelm, der von einem Rembrandt-Schüler gemalt wurde. Das Bild, das wir sehen, ist nicht dieser Mann. Es kann sein, daß wir den Mann erkennen würden, wenn wir ihn auf der Straße treffen würden. Trotzdem müßten wir sagen, daß wir ihn noch nie gesehen haben, wenn wir tatsächlich mit ihm ins Gespräch kämen. Man könnte sagen, dieses Bild ist eine Wiedergabe der Realität, aber nicht der ganzen Realität. Das Bild ist Realität. Es ist nicht der Mann, aber unter anderem ist es vermutlich ein Selbstporträt. Ich meine nicht, daß der Maler sein eigenes Gesicht gemalt hat, aber seine Emotionen und das, was ihn bewegte und ihm als wichtig erschien, kann man mehr oder weniger deutlich sehen. Ich betone auch „weniger", denn es gibt Menschen, die sich das Bild sehr lange ansehen und darin Dinge sehen, die wir nicht sehen, wenn wir nur zehn Minuten hingucken. Das ist vergleichbar mit Menschen, die ein Gedicht fast ein Leben lang lesen und es immer mehr verstehen. Ich habe absichtlich gesagt „mehr" und nicht „anders", natürlich auch anders, aber vor allem mehr, tiefer. Das erste Verständnis bleibt darin enthalten. Aber die Welt, von der ich eben gesprochen habe, besonders die elektronisch-mediierte Welt (ich benutze jetzt das Wort „mediation" als Dazwischenkommen), die Welt, die die Medien uns zeigt – „the world mediated by electronics" – ist viel weniger echt, viel weniger real, als manche Gemälde von einem Tisch mit Obst oder von dem Gesicht eines Handwerkers.

Das Mächtigerwerden des Abstrakten und des Sekundären führt ja in eine ganz bestimmte Richtung. Ist es zu gewagt, das in Verbindung zu setzen mit dem Denken, das anstrebt, vom Menschen zu abstrahieren und ihn künstlich herzustellen?

Das eine ist ein Teil des anderen. Die Akzeptanz des Abstrakten statt des Dings an sich – vielleicht sollte ich das nicht sagen auf deutsch – ist allgemein verbreitet. Sie schließt die Wahrnehmung des Menschen, seine Selbstwahrnehmung mit ein. Warum sollte das vor einem solchen Schicksal bewahrt sein? Wenn man den Menschen in irgendeiner Sprache beschreibt, zum Beispiel in einer wissenschaftlichen Sprache, in der Messungen eine Rolle spielen, dann ist es in unserer Zeit sehr leicht und selbstverständlich, diese sehr differenzierte Beschreibung des Menschen für den Menschen selbst zu halten. Wir behandeln alles andere so, warum also nicht den Menschen? Ich glaube, das ist heute selbstverständlich. Deswegen stört es fast niemand, wenn mein Kollege Marvin Minsky sagt: „The brain ist merely a meat machine." – Das Gehirn ist bloß eine Fleischmaschine. Ich möchte hier betonen, das Wort „Fleisch" muß nicht unbedingt mit „meat" übersetzt werden. Im Englischen haben wir zwei Worte für das deutsche Wort „Fleisch": „flesh" bedeutet lebendes Fleisch, ein lebender Körper; „meat" bedeutet totes Fleisch, mit dem man alles machen kann. Man kann es wegwerfen, man kann es essen, man kann es verbrennen oder braten oder kochen oder was auch immer. Die Aussage „The brain is merely a meat machine." ist ganz anders als die Aussage „Das Gehirn ist bloß eine Fleischmaschine." Sie bedeutet eine gewisse Verachtung des menschlichen Lebens.

Sie ist wertend, während die andere nur beschreibend sein könnte.

Genau. Wenn man jetzt das Wort Fleisch wegläßt und behauptet, daß das Gehirn bloß eine Maschine ist, kann man ganz klar sehen, wie weit diese Abstrahierung, die Ersetzung eines Dinges durch seine Beschreibung fortgeschritten ist, ohne daß jemand protestiert. Ich kann mir sogar vorstellen, daß jemand, der das hier liest, fragt: „Warum sollte man darauf reagieren, was stimmt dabei nicht, wenn man sagt, das Gehirn sei bloß eine Maschine?" Das Gehirn kann als Maschine beschrieben werden, bis zu einem gewissen Grad sogar mit einer gewissen Genauigkeit. Aber wenn man nicht erkennt, daß diese Beschreibung eines Gehirns nur für ganz bestimmte Zwecke gilt und für nichts anderes, lebt man tatsächlich in einer virtuellen Welt, wobei ich das Wort „virtuell“ hier nur benutze, weil wir gerade davon sprechen. Jedenfalls leben wir dann in einer Welt, die von ganz bestimmten Zwecken bestimmt ist, man könnte auch sagen, beleuchtet ist. Da fehlt natürlich sehr viel.

Und es ist sehr gefährlich, weil die Zwecke nicht einfach da sind, sondern von jemandem definiert werden.

Die Menschen definieren vielleicht diese Zwecke, ohne sich bewußt zu sein, daß sie das machen. Sicherlich gibt es sehr gute Menschen, die sehr viel Böses angerichtet haben, ohne es zu wissen.

Als Sie vorhin gesagt haben, daß man Dinge zu leicht akzeptiert, bei denen man eher protestieren müßte, fiel mir der Begriff „Intelligenz“ ein. Wenn ich lese, was als Beispiel für die künstliche Intelligenz von Maschinen gelten soll, habe ich oft das Gefühl, daß der Begriff Intelligenz zunehmend entwertet wird und damit verarmt. Mit Intelligenz haben viele der vorgeführten Leistungen nichts zu tun.

Es geht zu weit, zu sagen, daß es mit Intelligenz nichts zu tun hat. Aber jedenfalls ist es nicht Intelligenz. Es ist nicht das ganze Bild. Es kann sein, daß wir das ganze Bild nie kennen werden, aber wir können trotzdem ganz sicher sein, daß das, was uns präsentiert wird, nicht das ganze Bild ist. Etwas ist weggelassen. Abstrakt – etwas ist weggezogen, mit einem Traktor, könnte man sagen. Ich erinnere mich an den Erfinder des Intelligenztests, einen Psychologen, der Binet hieß. Es war vor dem ersten Weltkrieg. Er wurde oft gefragt oder sogar aufgefordert zu sagen, was Intelligenz ist.

Dafür hatte er eine Antwort entwickelt, und bei dieser Antwort blieb er. Die Antwort war: „Intelligence is what intelligence tests measure." – „Intelligenz ist das, was Intelligenztests messen." Man kann sagen, das ist arrogant oder lächerlich oder ein Witz – nein, es ist etwas sehr Ernstes dabei. Ich denke, er hat die Wahrheit gesagt, wenn auch vielleicht nicht bewußt oder nicht absichtlich. Wenn wir so ein Instrument haben wie den IQ-Test, dann dauert es nicht lange, bis unser Begriff „Intelligenz" von dieser Methode so beeinflußt ist, daß wir Intelligenz tatsächlich nicht anders definieren und uns nicht mehr anders vorstellen können. Das ist ein schönes Beispiel, wie der Gebrauch der Sprache die erlebte Realität verändert oder in einer gewissen Weise beleuchtet. Und wenn sich die Sprache verändert, verändert sich die Beleuchtung, und dann sehen wir die Realität anders. Da tauchen Schatten auf, wo vorher Licht war. Und es erscheint vielleicht Licht, wo vorher Schatten war. Wenn wir ein Verfahren anwenden, das alles immer heller beleuchtet und während dieses Prozesses immer mehr Schatten, nicht nur tiefere, sondern eine größere Anzahl herstellt, dann kann das zu einer Verarmung führen. Etwas Bestimmtes erkennen wir jetzt viel besser als vorher, aber wir haben damit bezahlt, daß wir andere Aspekte der Realität überhaupt nicht mehr sehen. Ich glaube, das ist eine gute Analogie. Wenn dieses Verfahren unbemerkt geschieht, wenn niemand es spürt, wenn es tabuisiert ist, darüber zu sprechen, weil man dann als technikfeindlich oder wissenschaftsfeindlich angeklagt wird, besteht die Gefahr, daß tatsächlich große Teile unserer Welt einfach verschwinden. Ich meine, wirklich verschwinden! Es beginnt damit, daß wir über diese Teile nicht mehr sprechen dürfen, und führt schließlich dazu, daß wir darüber nicht mehr sprechen können. Und wie Wittgenstein gesagt hat: „Die Grenzen meiner Sprache bedeuten die Grenzen meiner Welt."

Durch das Benennen der Dinge oder durch das Bemühen darum wird unsere Welt reicher und nuancierter.

Nuancierter – das ist ein gutes Wort hier. Ich weiß nicht, warum meine Vorstellung jetzt optisch ist? Jedenfalls denke ich an Schatten und Farben und kleine Unterschiede innerhalb der Farben, an einen grünen Baum, der sich in einem blauen See spiegelt. Es ist ja eine alte, alte Geschichte, vielleicht so alt wie die Menschheitsgeschichte, daß das Benennen eine Zauberarbeit ist. Es gibt Wörter in der jüdischen Tradition, die man nicht aussprechen darf. Es gibt Ansichten, die man nicht wiedergeben darf, weil das Nennen, das Zeichnen, das Festmachen einer Sache mit ungeheurer Macht verbunden sein kann.

Mir fällt ein Text von Tucholsky ein, in dem er beschreibt, wie er sich um ein Wort bemüht. Er möchte ausdrücken, was Birkenblätter tun, was er sieht, was er beobachtet, aber er findet das Wort nicht. Er findet verschiedene Wörter, die ihn jedoch nicht zufriedenstellen. Er schreibt, was man nicht sagen könne, bleibe unerlöst.

Ich habe das nicht gelesen, und ich weiß jetzt nicht ganz genau, was er mit „erlöst" meint. Mir kommt dabei etwas in den Sinn, ich könnte vielleicht sagen, ich verstehe, was er gesagt hat. Doch es kann sein, daß mein Verständnis ganz anders ist als seins. Ich habe sofort gedacht, Erlösung bedeutet in diesem Fall, daß ich etwas so gut erkannt habe, daß ich es in meine allgemeine Erkenntnis einordnen kann. Da bleibt nichts übrig, was ein Mysterium ist. Vielleicht hat Tucholsky auch das gemeint. Die Abstrahierung und das formale Verstehen drängt das Mysterium immer weiter weg. Und durch Menschen, die tatsächlich glauben, daß wir alles wissenschaftlich erklären oder verstehen können, daß es nichts darüber hinaus gibt, verschwindet das Mysterium ganz und gar. Das bedeutet, die Welt, die solche Menschen erfahren – so glauben sie jedenfalls – ist nicht mehr geheimnisvoll. Es ist kein Zauber übrig. Stellen wir uns einmal vor, ein Mensch, der tief überzeugt ist, daß kein Zauber in der Welt übrig ist, trifft einen anderen Menschen. Was sind seine Möglichkeiten in dieser Begegnung mit dem anderen Menschen, im Vergleich zu einem Kind, das denselben Menschen trifft und das in der Welt fast nichts anderes als „mystery" – Geheimnis sieht? Nun könnte man fragen: Welches Leben möchtest du leben, das dieses Kindes oder das dieses, sagen wir, Naturwissenschaftlers, für den die Welt keinen Zauber mehr enthält? Das ist doch schade! Das ist doch ein dunkles Bild! Und daß Menschen heute freiwillig solche Bilder annehmen, daß sie sogar anstreben, die Welt so zu „reinigen", daß aller Zauber weg ist, ist sehr schwer zu verstehen. Wir haben von Künstlicher Intelligenz gesprochen, es sind doch gerade die Computerwissenschaftler, die behaupten, daß jeder Aspekt des menschlichen Lebens oder des Lebens überhaupt berechenbar ist, daß alles simulierbar ist, daß wir Programme schreiben können, die alles Menschliche wiedergeben. Sie sagen, das Leben sei nicht geheimnisvoll, die Welt sei nicht geheimnisvoll. Aber sie ist es doch!

Wittgenstein, den Sie vorhin zitiert haben, hat auch gesagt: „Wovon man nicht sprechen kann, darüber muß man schweigen." Schweigen – nicht im Sinne von Vergessen, sondern im Sinne von „das Geheimnis bewahren".

Nicht im Sinne von „forget it", nein.

Nein. Man soll es nicht zerreden, man soll es nicht zähmen durch Sprache.

Was mich immer wieder beeindruckt – und das macht auch das Schreiben so schwer – ist, daß diese Dinge so offensichtlich sind. „They are so obvious", so daß jeder sagen kann: „Ja, lieber Joseph, das stimmt alles, aber warum betonst du es? Warum sagst du es wieder? Das wissen wir doch." Es ist allerdings auch offensichtlich, daß wir es nicht wissen, jedenfalls nicht im Gedächtnis behalten, nicht darauf reagieren.

So einen Satz wie den von Wittgenstein würde ich mich gar nicht hinzuschreiben getrauen.

George Steiner ist in diesem Zusammenhang zu erwähnen. Er hat viel über Schweigen gesprochen und geschrieben. Es ist wichtig, sich bewußt zu machen, daß die Grammatik nur eine ganz kleine Auswahl von allen möglichen Formen in einer Sprache als legal erklärt, und alle anderen nicht. Gäbe es diese Beschänkung nicht, dann könnten wir überhaupt nichts sagen. Ich glaube – das hört sich ganz trivial an – ohne die Pausen, die wir zwischen unseren Wörtern machen, könnten wir nicht sprechen. Ich rede jetzt gar nicht davon, daß wir atmen müssen. Die Pause ist in der gesprochenen Sprache ein grammatisches Element. Ich nehme an, daß die Anwendung der Pause in der Sprache in vielen Kulturen ganz anders ist als im deutschen Sprachraum. Sie hat eine Bedeutung. Und dann gibt es natürlich das lange Schweigen, das auch eine große Bedeutung haben kann.

Mich hat ein syrischer Autor in einem Gespräch darauf hingewiesen, daß in der arabischen Sprache die ganz knappe Darstellung eines Sachverhalts überhaupt nicht möglich ist. Er

sagte, man könnne in der arabischen Sprache keinen schnellen Gang machen. Also ist eine bestimmte Zeiterfahrung vorgegeben.

Ich weiß nicht, ob ich es richtig verstehe, aber die arabische Kultur ist sehr eng mit der jüdischen Kultur verbunden. Das gilt auch für die Sprachen. Sie haben denselben Stamm, und man könnte auch sagen, daß man in der jüdischen Tradition keine kurzen Geschichten erzählt. Ich kann einen jüdischen Witz verkürzen für den deutschen oder englischen Zuhörer, aber es ist eine Verkürzung. Wenn ich unter Juden bin, unter nicht so assimilierten Juden, dann erzähle ich die ganze Geschichte, und das dauert sehr lange. Hier in unserer Kultur liegt das Gewicht des Witzes auf der letzten Zeile. Da dreht sich auf einmal alles um, vielleicht sogar mit dem letzten Wort. Im Jiddischen ist die letzte Zeile wichtig, aber nicht entscheidend. Wenn man die Geschichten von Singer liest – manche sind witzig – kann man schon zwei Seiten vor der letzten Seite sagen, was jetzt passieren wird. Die letzte Zeile ist nicht die Zeile, die alles umschlägt und in der der Witz schließlich steckt. Die ganze Geschichte ist ein Witz. Oder ein Weinen. Oder ein Jammern. Es ist nicht nur die letzte Zeile.

Es ist das Erzählen selber.

Genau.

Das ist die Sache, um die es geht. Und man könnte irgendwo anfangen und irgendwo aufhören.

Nein, das kann man nicht. Gerade als ich jetzt von Amerika wegflog, begann in Boston ein Jiddisches Filmfest. Es tat mir sehr leid, daß ich das nicht sehen konnte. Nehmen wir einmal an, ich gehe in eine Vorstellung, die schon begonnen hat, und auf der Leinwand wird eine Geschichte erzählt. Ja, ich bin sofort „drin" und weiß, was da los ist. Ich meine nicht „verstehen", ich meine, ich mache mit. Ich kann mir aber vorstellen, daß ich ein Kabarett besuche, die ersten drei Minuten versäumt habe, nach drei Minuten wird eine Geschichte abgeschlossen, der Kabarettist sagt etwas, jeder lacht, und ich kann es nicht verstehen, weil ich die ersten drei Minuten nicht kenne. In der Musik ist es auch so: Man kann Beethovens Fünfte nicht kurz erklären. Wenn ich manchmal im Radio höre, daß sie ein „movement", einen Satz aus irgendeinem Musikstück spielen, zum Beispiel den dritten Satz aus Mozarts Symphonie No. 33, dann stört es mich. Das will ich nicht. Ich will das Ganze hören.

DER DEMORAKTISCHE ELAN

Was empfinden Sie angesichts der furchtbaren Ereignisse in Deutschland, der Angriffe auf Asylanten, auf Ausländer? Wie ist das für jemanden, der viele Jahre vorher ähnliches erlebt hat?

Natürlich erweckt es Erinnerungen und auch Ängste – ich war ja ein dreizehnjähriges Kind, als ich aus Deutschland wegkam in den dreißiger Jahren – Ängste, daß sich die schlimme Zeit wiederholt. Die heutige Zeit ähnelt den letzten Phasen der Weimarer Republik. Was da so ähnlich ist, unter anderem, ist eben, daß sich die Wirtschaft schlechter entwickelt, als man gehofft hat. Auf einmal gibt es Arbeitslose – man könnte wirklich sagen: auf einmal. Die Euphorie, die noch vor kurzer Zeit existierte – ich weiß nicht, was in diesem Fall die Parallele zur Weimarer Republik ist – ist vorbei, und irgendwie ist der demokratische Elan auch vorbei. Die ersten Anzeichen dafür, daß vielleicht schwierige Zeiten kommen, bringen eben solche Dinge in den Vordergrund, daß Menschen einander hassen, daß Menschen einander jagen, daß Menschen einer Sorte Menschen anderer Sorte beschimpfen usw. Man weiß, wo das hingeführt hat in der Weimarer Republik, und man muß fürchten, daß es wieder einmal in diese Richtung geht. Und dann sucht man nach Stimmen, die dagegen sprechen, nach Protesten. Man sucht die vernünftigen Bürger, die das nicht stillschweigend ansehen wollen, man sucht nach den Stimmen in den Zeitungen, in den Medien und ganz besonders in der Regierung. Ja, manche dieser Stimmen sind da, die waren auch da in den späten zwanziger, frühen dreißiger Jahren – ob sie genügen oder nicht, weiß ich nicht. Jedenfalls sieht es so aus, als ob die Regierungsmacht, wie sie zum Beispiel durch die Polizei repräsentiert ist, entweder sehr schwach ist – aber das kann man kaum glauben – oder einfach nicht eingesetzt wird. Dann fragt man sich, warum? Besonders, wenn man daran denkt, daß jede linke Demonstration immer mit einer riesigen Staatsmacht in Form von Polizei begleitet ist.

Sie haben eben eine Formulierung gebraucht, die mir sehr gefällt: der demokratische Elan. Darin steckt ja, daß Demokratie etwas ist, was hergestellt werden muß und mal weniger, mal stärker zum Ausdruck kommt.

Ja, ich glaube, das ist so wie zum Beispiel erwachsen zu sein. Das hat mit Alter sehr wenig zu tun. Es gibt Phasen im Leben, manchmal kurz, manchmal länger, in denen die Maturität, also das Erwachsensein, eine besondere Rolle spielt und besonders sichtbar wird. Oder es wird ganz besonders sichtbar, daß es eben fehlt. Ich glaube, so ist es mit der Demokratie. Es ist ja sehr schön, wenn alles funktioniert, wenn die Straßen gefegt werden und Frieden in der Stadt herrscht. Dann ist es sehr leicht, Demokrat zu sein. Aber gerade wenn es schwierig wird, zeigt sich doch die Qualität der Demokratie, die Tiefe der Verinnerlichung der Demokratie.

Das hat mit Verantwortung zu tun.

Natürlich! Wenn es gut geht, dann gibt es in einem gewissen Sinn nichts, worauf man antworten muß. Ich meine jetzt das Wort Verantwortung ganz buchstäblich, ganz wörtlich. Es ist eben viel leichter, den Schwierigkeiten den Rücken zuzudrehen, also unverantwortlich zu sein. Wie gesagt – ich weiß nicht, was man dazufügen kann – die Tiefe der Verinnerlichung der Demokratie zeigt sich, wenn es schwierig wird, demokratisch zu handeln. Ich denke jetzt auch an solche Phänomene, die wir auch in Amerika haben, wie die Redefreiheit, also, daß man sagen kann, was man will. Wann muß das verteidigt werden? Wenn jeder das Gleiche sagt, überhaupt nicht! Es ist doch ganz besonders dann notwendig, wenn Leute Sachen sagen, die mich sehr irritieren, die ich nicht mag, gegen die ich Stellung nehmen möchte, und die irgend etwas in mir sogar vielleicht am liebsten verbieten würde. Gerade dann kommt die Redefreiheit und die Verteidigung dieser Freiheit ins Spiel. Es ist leicht, die Meinung eines Menschen zu verteidigen, der immer dasselbe sagt wie ich, aber die Notwendigkeit ist gerade im entgegengesetzten Fall da, also gerade dann, wenn Sachen gesagt werden, die nicht populär sind. Und hier in diesem Fall, also, im Fall der Asylanten und der Attacke gegen Asylanten, meine ich, daß die Demokratie sich auf zwei ganz verschiedenen Wegen zeigen muß: erst einmal müssen die Minoritäten, die da attackiert werden, geschützt werden. Es muß aber auch den anderen das Recht gegeben werden, friedlich auszusprechen, was sie stört! In der Politik die Position zu verteidigen, daß Asylanten nach dem Grundgesetz ihre Rechte haben und behalten müssen, ist vielleicht in diesem Moment nicht so populär, aber darin liegt gerade die Freiheit, die verteidigt werden soll.

Und auch das, was die Kraft der Demokratie ausmachen kann! Wie erklären Sie sich die Attacken gegen Asylantenheime und vor allem die Reaktion der Einwohner, die das zumindest toleriert, geduldet oder sogar noch Beifall geklatscht haben. Es handelt sich ja nicht „nur" um einen Einzelfall, den man so interpretieren könnte, daß man jetzt gerade mal hier einen Sündenbock gefunden hat. Warum reagieren Menschen so auf Menschen, die anders sind?

Ich nehme an, daß es in der Evolution eine Funktion hatte, auf etwas Fremdes mit Gewalt oder jedenfalls mit gewalttätigen Ideen oder Maßnahmen zu reagieren. Ich nehme an, daß das die Evolution befördert hat, so wie sie war und ist. Das Territorium zu verteidigen und all diese Dinge, die wir heute noch bei Tieren sehen, gehören dazu. Es freut mich nicht, so etwas auf die menschliche Gesellschaft zu übertragen, aber es kann doch sein, daß darin die Wurzeln liegen. Wir alle haben Erfahrungen gemacht, als Kinder und auch später, daß Menschen Dinge tun, wenn sie von anderen Menschen unterstützt werden, sich also in einer Gruppe befinden, die sie nie machen würden, wenn sie allein wären. Negativ hinzu kommt, daß Menschen in einer Gruppe öfters Angst davor haben, nicht mitzumachen, also in einem gewissen Sinn in einer Gruppe als fremd empfunden oder angesehen zu werden. Ich meine jetzt, man ist in einer Gruppe, die Gruppe macht mit bei irgend etwas Fürchterlichem, jeder klatscht oder pfeift oder was auch immer, und da ist einer, der das nicht macht. Das verlangt Mut. In diesem Fall bedeutet nichts zu machen, etwas zu machen. Es verlangt Mut. Dieser Mut fehlt sehr oft. Vielleicht haben wir wenige Gelegenheiten, ihn auszuüben. Das Mitmachen ist so viel leichter, als zum Beispiel einfach still dazustehen. Die Stille kann selbst schon als Protest angesehen werden. Und dann hat man vielleicht Angst um sich selber und vor Fragen: „Warum machen Sie denn nicht mit? Warum stehen Sie hier bloß so?" Aber wenn Menschen wissen, daß das, was da geschieht, außerordentlich schlimm ist, wenn Menschen wissen, daß andere Menschen verletzt werden usw., dann sollten sie doch protestieren! Hier denke ich wieder einmal an das berühmte Bild der Juden, die durch die Straßen getrieben wurden am 9. November 1938, also nach der Pogromnacht. Was mich so tief berührt bei diesen Bildern, ist, die Leute auf der Straße zu sehen, die Zuschauer, die einfach dastehen und vielleicht sogar ihr Kind hochhalten, so daß das Kind besser sehen kann. Da drüben in einer Ecke ist jemand, der fotografiert, als ob ihn das überhaupt nichts angeht, als ob da nichts sehr, sehr Schlimmes passiert. Einfach dazusein aus Neugier, um zu sehen, warum da ein solcher Krach ist, ist schon schlimm genug. Alles das deutet eben – wieder einmal – auf die mangelnde Tiefe der Verinnerlichung der Demokratie in Deutschland hin. Ich habe einmal eine Phantasie gehabt, die vielleicht hier paßt: In dieser Phantasie erklärt Spanien Schottland den Krieg. Nach langer Zeit gewinnt Spanien, und im Vertrag, dem Friedensvertrag, wird vermerkt, daß der Flamenco von dieser Zeit an der Nationaltanz der Schotten sein muß. Die Schotten können ja tanzen, aber ihr Tanzen sieht ganz anders aus als der Flamenco. Nach fünfundzwanzig oder dreißig Jahren kommen Spanier nach Schottland, und da sehen sie, daß die Schotten tatsächlich Flamenco tanzen. Wenn jede Bewegung analysiert wird, dann muß man sagen, ganz sicher, es ist der Flamenco, den sie tanzen – aber trotzdem wissen die Spanier: Der Flamenco ist es nicht! Es ist anders, es ist ganz anders! So ist es, denke ich manchmal, mit der Demokratie in Deutschland. Also, die Strafe, die Deutschland bekam, man könnte auch sagen, der Segen, aber im Rahmen dieser Phantasie, die Strafe: sie waren gezwungen, die Demokratie zu tanzen. Und jetzt kommt ein Amerikaner, viele Jahre später, sieht sich das an und sagt, ja, alle Elemente sind da. Sie sind alle da. Da ist ein Parlament, und es wird tatsächlich gewählt, und der Kanzler ist kein „absolute dictator". Alle Elemente sind da, aber trotzdem ist es nicht der Flamenco, es ist nicht die echte Demokratie. Irgendwie ist es nicht die echte Demokratie, und das zeigt sich irgendwann! Es zeigt sich auch an dem Mangel an Empörung unter der Bevölkerung. Man könnte sogar sagen, da ist ein stiller Konsens, eine Zustimmung. Nicht nur, daß solche Dinge, wie die Angriffe auf Asylanten, nicht ganz laut verdammt werden, sondern man sagt – ich habe es gehört – man sagt, „Na ja, es ist ja zu verstehen, man kann es ja verstehen." Und wieder einmal erinnert mich das an das Schicksal der Juden in Deutschland, wo gute Menschen gesagt haben, „Na ja, man kann es ja verstehen, die sind doch anders, die kontrollieren ja die Banken und die Presse", obwohl sie das nicht machten. Man könne also verstehen, daß die Juden ausgeschlossen, rausgeschmissen und schließlich ermordet werden sollten. Es ist diese Bereitschaft zum Verständnis, die mich so sehr stört. Ich glaube nicht, daß es das Ende der Bundesrepublik ist oder daß es auf jeden Fall auf eine große Krise der Demokratie hindeutet, die vielleicht jetzt zusammenbrechen wird. Es ist viel zu früh, das zu sagen, aber man fürchtet, man fürchtet einfach.

Noch einmal zu dem, was Sie über die Demokratie gesagt haben, mit diesem Flamenco-Beispiel: also das, was fehlt, ist

eben nicht die technische Form der Ausführung. Die ist fast perfekt, kann man sagen, aber es fehlt …

Die Verinnerlichung.

Ja, und auch ein Gefühl dafür.

Genau wie beim Flamencotanzen. Da ist ein Gefühl, das dabei sein muß, sonst ist die Bewegung mechanisch. Und dieses Gefühl, dieses Fingerspitzengefühl könnte man vielleicht sagen, für das demokratische Verhalten und für die Rechte von anderen und der große Respekt vor dem Grundgesetz, das alles muß verinnerlicht werden, das kann man nicht einfach befehlen. Das ist nicht nur eine Frage der Gesetze oder des heutigen Gebrauchs. Wie gesagt, das muß verinnerlicht werden.

Das hat auch damit zu tun, wie sich der einzelne in dieser Gesellschaft sieht. – Ist das in Amerika wesentlich anders? Es gab ja vor nicht langer Zeit schlimme Auseinandersetzungen in Los Angeles.

Das ist schwer zu sagen. Amerika ist so anders! Außerdem ist zu dieser Zeit so vieles kaputt in Amerika, daß man auf kaum etwas stolz sein kann. Man kann kaum stolz über irgend etwas in Amerika sprechen, aber ich werde es trotzdem versuchen. Zuerst einmal war der Aufruhr in Los Angeles aus Empörung darüber entstanden, daß ein großes Unrecht geschehen war, nämlich daß die Polizisten, die einen Schwarzen, Rodney King, so fürchterlich brutal behandelt haben, freigesprochen wurden. Es war also zunächst eine Reaktion auf eine kolossale Ungerechtigkeit, und nicht nur auf diese Ungerechtigkeit, daß dieser eine Mann so verprügelt wurde, sondern auf die Ungerechtigkeit überhaupt gegenüber den Minoritäten, besonders gegenüber den Schwarzen und den Mexikanern. Ich will damit nicht die Ausschreitungen entschuldigen. Aber trotzdem ist etwas anderes dabei. Es ist wirklich ein großes Unrecht geschehen, und außerdem: da war ja und da ist heute noch eine riesige Empörung in der Öffentlichkeit. Aber die Empörung ist eben gemischt, es ist nicht bloß eine Empörung gegen die, die da geraubt haben und verbrannt haben, sondern auch eine Empörung gegen die Polizei, die erstens diesen Mann so zusammengeschlagen hat, die zweitens diesen Aufruhr nicht kontrollieren konnte und die öfters auf der falschen Seite steht. Aber auch das ist es nicht nur, sondern zugleich eine Empörung gegen die Umstände, die das hervorgebracht haben, also gegen die Ungerechtigkeit dieser Umstände. Und das ist ganz anders als hier in Deutschland. Das ist etwas, was ich unbedingt dazu sagen möchte. Natürlich gibt es eine riesige Ungerechtigkeit in Amerika, und die Verfassung wird nicht immer in jedem Fall geehrt und beachtet, aber trotzdem ist ein wirklich tief verinnerlichter Respekt vor der Verfassung vorhanden. Das sieht man zum Beispiel im Fall Nixon zur Zeit von Watergate. Unser höchstes Gericht hat gesagt, er müsse die Tonbänder, die er besaß und die für ihn so gefährlich waren, herausgeben. Der „supreme court", das höchste Gericht hat keine Armee, sie können es nur sagen! Ob es dann tatsächlich gemacht wird oder nicht, hängt ab vom Respekt vor der Verfassung und vor dem Gesetz überhaupt und vor der Demokratie. Nixon hat diese Tonbänder herausgegeben, wie er sollte. Ein anderes Beispiel ist, daß im Vietnamkrieg ein großes Buch mit Staatsgeheimnissen gedruckt werden konnte, öffentlich bei der New York Times und der Washington Post. Wieder einmal hat das höchste Gericht gesagt, ja, das ist „freedom of speech", das ist die Redefreiheit. Es tut uns leid, wenn das der Republik ein bißchen wehtut, aber die Verletzung der Verfassung würde mehr wehtun. Das ist tief eingebaut in der amerikanischen Gesellschaft, in der amerikanischen Politik. Ich möchte ganz bestimmt nicht die amerikanische Gesellschaft verherrlichen. Es gibt darin andere Traditionen, die auch tief verinnerlicht sind, zum Beispiel die Tradition der Gewalt und besonders der Gewalt des einzelnen. Das zeigt sich in der Tasche, daß wir die Handfeuerwaffen einfach nicht loswerden können in Amerika. Das ist eine andere Seite.

Daß man sich selber verteidigen kann, ja, nicht nur kann, sondern daß es sogar als ein Wert gilt, das tun zu können.

Das ist die Mythologie des, wie wir sagen, Selfmademan. Es ist „-man", es ist nicht Selfmadewoman. Die Tradition, die so tief verinnerlicht ist, ist eben die des Selfmademan, der unabhängig von der Gesellschaft ist. Und wir sehen das reflektiert in Hunderten von Hollywoodfilmen, wo Männer ihre Sache in ihre eigene Hand nehmen. Ihre Sache, das ist zum Beispiel die Verteidigung der allgemeinen Gerechtigkeit, allein, ohne Hilfe des Gesetzes. Das ist auch eine Tradition. Sie konkurriert sozusagen oder jedenfalls existiert sie simultan mit den demokratischen Traditionen.

Und sie wird auch weitergegeben.

O ja, sie wird weitergegeben.

Weitergegeben durch Erziehung.

Nun, da sind zum Beispiel die Kinderspiele, etwa „cowboys and indians", wo die Indianer ohne weiteres erschossen werden dürfen. Ich sollte sagen „durften", denn das ist abgestellt worden in Amerika, das wird in den Filmen nicht mehr gezeigt. Jetzt gibt es keine Filme mehr aus Hollywood, in denen Indianer einfach beliebig erschossen werden dürfen, ohne daß etwas darüber gesagt wird. Aber jetzt sehen wir die Computerspiele in den Spielhallen, wo wieder einmal das Hauptthema Gewalt ist. Ob Städte zerstört werden oder Schiffe oder Raumschiffe oder Menschen, was auch immer, jedenfalls ist es eine große Ausübung von Gewalt. So wird die Tradition sozusagen weitergegeben, leider. So ist es aber.

MEDIEN UND TEILNAHMSLOSE ZUSCHAUER

Und die Rolle, die man in diesen Spielen einnimmt, begünstigt noch die Rolle des teilnahmslosen Zuschauers, von der Sie schon gesprochen haben und die Sie entsetzt hat.

Wer ist der teilnahmslose Zuschauer in diesen Spielen? In den Kinderspielen? Also, in erster Linie sind es doch die Erwachsenen, und ganz besonders die Eltern. Die sehen dabei zu. Sie sehen ganz genau, was die Kinder machen, und sagen nichts. Oder vielleicht sagen sie etwas, aber es ist ganz klar, daß sie es nicht ernst meinen. Das Fernsehspiel, das Computerspiel ist eben ein sehr guter Babysitter. Und um sich für eine kleine Zeit Ruhe zu kaufen, lassen die Eltern ihre Kinder so spielen und sagen nichts. Sie scheinen nicht-teilnehmende Zuschauer zu sein, aber natürlich nehmen sie teil. Das ist dasselbe, als wenn Leute herumstehen bei einem Angriff auf Asylanten und einfach nichts machen. Beifall klatschen, das ist natürlich noch schlimmer. Wie soll ich es sagen? Alles hängt mit allem zusammen.

Und wie sehen Sie die Rolle der Medien in diesem Zusammenhang?

Die Medien, ganz besonders das Fernsehen, werden oft gelobt, und es wird oft gesagt, ja, das Fernsehen zeigt uns das alles, dann sehen wir, wie schrecklich es ist und reagieren dagegen. Man sollte sich fragen, warum sind die Bilder, die das Fernsehen zeigt – in Amerika oft hundertmal an einem Tag oder in ein paar Tagen, immer wieder dieselben Bilder – so faszinierend? Da ist ein Hunger nach Gewalt. Es ist wie der Fernsehfilm, es ist wie das Kriminalstück zu Hause am Bildschirm. Wir haben anscheinend einen Hunger nach solchen Szenen. Man kann sie natürlich sehen und sagen, ach, das ist ja so furchtbar, aber trotzdem glaube ich, daß es da eine Faszination gibt, daß viele Leute es in einem gewissen Sinn gerne sehen.

Genießen.

Genießen als eine Art Pathologie, die aber sozial akzeptiert ist. Die ist weit verbreitet. Und vielleicht ist es auch eine Selbstbeschränkung, eine Selbsthemmung, eine Art Zensur, daß man, obwohl man das weiß, was wir eben besprochen haben, trotzdem nichts sagt. Jemand fragt: „Hast du die Bilder gesehen von Soundso, von Rostock zum Beispiel?" Auch wenn man die pathologische Komponente herauszuhören meint, sagt man nicht: „Ja, warum siehst du die Bilder immer immer wieder an? Einmal, das sollte doch genügen, nicht?" Ich habe keinen Fernseher, und ich meine das nicht stolz: Ich habe keinen Fernseher! Er ist einfach irgendwann kaputt gegangen, und ich habe ihn nie wieder ersetzt. Es ist noch nicht so sehr lange her. Jedenfalls habe ich die Bilder von Los Angeles nicht gesehen, aber ich glaube zu wissen, was da los war. Ich muß sie nicht sehen, und ganz besonders muß ich sie nicht hundertmal sehen. Und ich stelle solche Fragen: „Warum mußt du das hundertmal sehen?" Aber das Nicht-Fragen, das Einfach-Hinnehmen ist auch eine Art Selbstzensur. Das ist auch eine Selbstbeschränkung der Redefreiheit, würde ich sagen.

Auch ein Sich-Unterordnen.

Ein Sich-Unterordnen und in einem gewissen Sinn ein Hindeuten darauf, daß man ein Teil der Gruppe ist.

Es gehört zum allgemeinen Konsens.

Ja. Ich habe eben das Wort Pathologie benutzt. Ich kann mir gut vorstellen, für manche Menschen ist das ziemlich hart zu akzeptieren. „Was meint er mit Pathologie? Ich bin doch nicht pathologisch!" Ja, aber die Leute, die da am 9. November 1938 herumstanden und die „Judenparaden" gesehen und überhaupt nichts gesagt haben, was ist mit denen? Das war 1938, das hätte sicherlich 1933 noch nicht passieren können. Also, da war eine Pathologie, die sehr sorgfältig gepflegt wurde.

Gefördert und aufgebaut. Und das ist anders als heute.

Damals war es der Staat selbst, der diese Sachen gemacht hat. Er unterstützte nicht nur, sondern initiierte und belohnte – oder bestrafte, wenn jemand dagegen war. Das ist ein sehr großer Unterschied zu heute, so weit sind wir nicht. Und hoffentlich kommen wir überhaupt gar nicht in die Nähe davon! Hoffentlich! Aber die Gefahr sollte früh erkannt werden! Ich habe noch eine andere Phantasie, die mit der Vereinigung zu tun hat, ähnlich wie die vom Krieg zwischen Spanien und Schottland. Sie hat auch zu tun mit dem Unbehagen, das ich fühle – ich weiß nicht, ob ich sagen soll: als Emigrant aus Deutschland, aus dem Hitlerdeutschland oder als Jude oder einfach als Mensch in dieser Welt. Die Phantasie ist folgende: Wir haben einen jungen Mann, er wird Assistent in irgendeiner Schule, und es stellt sich heraus, daß er kleine Jungen sexuell mißhandelt. Er kommt vor Gericht, und das Gericht sagt, er müsse sich einer Behandlung in einer Klinik unterziehen, vielleicht für drei Jahre. Dazu wird er verurteilt. Er kommt in Behandlung, und nach drei Jahren sagen die Ärzte, er sei jetzt gesund und könne wieder in die Welt gehen. Ein paar Jahre später mißhandelt er wieder Jungen, sogar viel schlimmer, und diesmal wird er verurteilt, sagen wir, zu zwölf Jahren, wieder mit psychiatrischer Hilfe, und dann wird er entlassen. Und wieder heißt es, „he learned his lesson", jetzt ist er gesund. Jetzt kann er in die Welt hinaus. Er muß natürlich einen Job haben, und er bekommt einen als Leiter eines Internats. Da würde man sagen, naja, die Ärzte sagen, er ist o.k., aber gerade dieser Job?! Sollten wir da nicht ein bißchen vorsichtig sein? Sollten wir da nicht aufpassen? Muß es gerade dieser Job sein, wenn man so eine Geschichte hinter sich hat? Das ist eine Parabel, ich meine natürlich Deutschland und die zwei Weltkriege. Und gerade dieses Land, jetzt verstärkt durch die Vereinigung, gerade dieses Land wird wieder einmal zu der, wie soll ich sagen, Supermacht Europas. Gerade dieses Land kriegt jetzt den Job als Leiter eines Internats. Ja, es ist ein Unbehagen dabei. Es kann sein, daß es wunderschön funktioniert, daß wirklich eine neue Ära in Europa beginnt. Deutschland reiht sich ein als Mitglied unter anderen, das kann sein, und wir hoffen es. Ich bin „outsider", vielleicht sollte ich das gar nicht sagen, aber wenn man von der „outside", also von außen, die Regierungspolitik Deutschlands betrachtet, sieht man, daß vieles, was auf der internationalen Ebene gemacht wurde und die ganze Welt stark beeinflußt hat, innenpolitisch begründet war. Das wurde verleugnet. Ich meine jetzt besonders die ungeheure Eile, erst einmal eine Währungsunion zu schaffen und dann sofort die Vereinigung, ohne vorsichtige und sorgfältige Vorbereitung. Ja, das sorgt für Unbehagen, muß ich sagen.

DER BLICK VON AUSSEN

Dieser Blick – Sie sagen „outsider" – von außen oder manchmal von außen, manchmal von innen, läßt einen natürlich mehr sehen.

Ich würde nicht sagen, daß man von dieser Plattform von außen mehr sehen kann. Man sieht eben, was man sieht, aus einer anderen Perspektive. Es ist nicht mehr oder weniger, es ist ein bißchen anders, und das kann sehr wertvoll sein. Ich reise sehr viel, bin sehr oft in Europa, und gerade dadurch, daß ich so oft von Amerika weg bin, gewinne ich auch eine andere Perspektive, einen anderen Blickwinkel auf Amerika. Bis zu einem gewissen Maß kann ich auch Amerika von außen sehen. Ich glaube, das ist sehr wertvoll. Es ist nicht so, daß ich mehr sehe, sondern vielleicht manches in einem anderen Licht – also, das ganz bestimmt – und manches vielleicht mit einer Schärfe, die man sonst nicht gewinnen kann.

Wie war das für Sie, als Sie nach vielen Jahren das erste Mal wieder nach Europa gekommen sind?

Ach, wie es war .. Ich glaube, es war 1957, als ich zum ersten Mal wieder nach Deutschland kam, nachdem ich es

1936 verlassen hatte. Da liegt eine ganze Menge von Jahren und viel dazwischen. Der Krieg ganz besonders und dann natürlich die Universität. Also, ich war bestimmt nicht derselbe Mensch wie der, der 1936 Deutschland verlassen hatte. Es ist schwer zu sagen, und besonders schwer, das in wenigen Sätzen zu sagen. Eins ist merkwürdig, und ich glaube, auch andere Emigranten, die irgendwann zurückkamen, haben darüber gesprochen: Es ist das Erlebnis, die deutsche Sprache ganz „routine" gesprochen zu hören. Das Erlebnis, daß die Menschen ringsherum alle deutsch sprechen. Wir, meine Familie, wir haben, als wir nach Amerika kamen, die deutsche Sprache sozusagen aufgegeben. Wir haben sie nicht gesprochen. Ich habe sehr wenig deutsch gelesen in diesen Jahren. Ich hatte sehr viel vergessen. Aber da ist doch etwas mit der Muttersprache! Es ist so, wie eine Melodie zu hören aus einer Zeit, die schon lange vergangen ist. Da schwingt etwas mit. In einem gewissen Sinn ist es erfreulich, in einem gewissen ist es erschütternd. Man erkennt, glaube ich, Teile von sich selbst wieder, die man lange nicht gesehen hat und an die man lange nicht gedacht hat.

Viele, vielleicht die meisten Menschen, die ich dann in Deutschland getroffen habe, waren gerade in dem Alter, wo man sicher sein konnte, daß sie die Nazizeit bewußt erlebt haben. Sie sind damals keine Kinder mehr gewesen. Und da kamen bei mir immer die Fragen, manchmal mehr, manchmal weniger deutlich: Was haben die gemacht? Wo waren sie? Haben Sie ihren Mund gehalten? Oder haben sie Widerstand geleistet? Oder haben sie eifrig mitgemacht? Und das ist ein bißchen, oder mehr als ein bißchen, schwer zu fragen. Immer diese Fragen zu haben, ist schwer! Dazu kommt, daß so viele Menschen fast spontan behaupteten, daß sie einem Juden oder mehreren Juden geholfen haben, sie versteckt haben, irgendwie so: „Wir waren ja immer Gegner!" usw. Man konnte kaum jemand finden, der die

Nazis irgendwie unterstützt hatte. Und das war für mich ... ja, wieder einmal kommt mir das Wort Unbehagen in den Sinn.

Und dann die jungen Leute – ich weiß nicht, vielleicht ähnelten sie den Pionieren in Amerika. Vielleicht habe ich sie besonders ausgesucht, jedenfalls hatte ich mit Universitäten und Studenten zu tun. Da waren also die jungen Leute, die die riesige Aufgabe hatten, hier etwas Gerechtes, etwas Gesundes herzustellen, und die unter anderem einen gewissen Kampf mit ihren Eltern auszutragen hatten. Ob das wirklich deutlich ausgetragen wurde oder nicht, darauf kommt es nicht an. Jedenfalls waren die Klüfte zwischen den Generationen damals sehr viel größer, als sie es heute zwischen einem Siebzehnjährigen und seinen Eltern sind. Da ist immer noch eine Kluft, aber nicht so wie damals. Außerdem muß ich sagen, es war natürlich auch eine interessante Zeit, besonders, wenn man selbst ein bißchen wach und neugierig ist, und das war ich doch ganz bestimmt.

Was hat sich für Sie verändert, wie ist es, wenn Sie heute nach Deutschland kommen?

Heute, wenn ich Menschen treffe, die so alt sind wie ich, also Jahrgang 1923 oder älter, vielleicht zehn Jahre älter, heute taucht die Frage: „Wo waren sie damals in der Hitlerzeit, und was haben sie gemacht?“ nicht mehr so deutlich auf. Doch sie ist da.

Da ist auch ein ganz besonderes Phänomen, das ich hier erwähnen sollte: Ich bin Amerikaner. Seit 1936 lebe ich dort, und ich glaube, nach fünfzig Jahren, mehr als fünfzig Jahren, darf ich sagen, daß ich Amerikaner bin. Ich reise viel herum in Amerika und besuche nicht nur Universitäten, aber natürlich auch Universitäten. Ich wohne in Cambridge, Massachusetts und bin dort ein Einwohner, so wie alle anderen. Die Tatsache, daß ich jüdisch bin, taucht fast nie auf im Gespräch. Fast nie fragt mich jemand, ob ich Jude bin oder ob ich vielleicht irgend etwas nicht essen darf, weil ich Jude bin oder irgend etwas anderes, das mit Judentum zu tun hat. Es ist sehr selten, daß so etwas auftaucht. Doch hier in Deutschland werden solche Fragen fast immer gestellt. Es ist nicht nur bei einer Einladung, die mit der Frage verbunden wird: „Essen Sie Schweinefleisch?" Oder: „Sicherlich essen Sie kein Schweinefleisch." In vielen anderen Beziehungen wird es irgendwie erwähnt, und fast immer in einem, wie soll ich sagen, in einem Entgegenkommen. Also, sicherlich nicht als Fluch. Manchmal in einem Hotel, wenn ich aus-„checke", fragen sie mich: „Gehen Sie jetzt nach Hause?" Wenn ich dann „ja" sage, fragen sie: „Wielange dauert es denn nach Tel Aviv?" Oder New York. Das sind zwei Städte, die in Deutschland bekannt sind als Städte, in denen viele Juden zu Hause sind. Es ist interessant, daß das immer wieder auftaucht. Und dann wird in diesem Zusammenhang etwas erwähnt, öfters, heute noch, heute noch. Vielleicht nicht ganz deutlich, aber es wird erwähnt: „mein Vater war Widerstandskämpfer" oder „in unserem Haus hatten wir einen Juden versteckt" oder so etwas Ähnliches. Das kommt immer wieder. Und ich muß sagen, ich mag das nicht, natürlich mag ich das nicht. Ich muß mich auch fragen, ob das wahr ist oder nicht. Also, es kann doch nicht so sein. Ich erinnere mich, einmal, vor vielen Jahren habe ich gesagt: „Es muß doch heute 80 Millionen Juden geben in Deutschland. Warum? Na, jeder hat einen gerettet." Das gibt es hier immer noch. Immer noch!

Das hat zu tun mit den Schuldgefühlen der Menschen und das hat zu tun mit dem Unvermögen, dem, was tatsächlich passiert ist, ins Auge zu schauen. Es ist auch eine Form von Verdrängung.

Ja, das ist es. Ich weiß es von mir selbst, da brauche ich gar nicht weit zu gehen: irgendeine Geschichte, die ich zum tausendsten Mal erzähle, eine Geschichte über meine Kinder, etwa „als meine älteste Tochter drei Jahre alt war ...", die ändert sich langsam. Und zwanzig Jahre später weiß ich nicht mehr, ob ich jetzt ein Märchen erzähle oder ob es tatsächlich so war. So ist es. Und es kann sein, daß Leute, die mir heute sagen, daß sie Anti-Nazi-Propaganda geschrieben haben in der Hitlerzeit, die dann von anderen verteilt wurde, Leute, die Heldentaten erzählen, langsam daran glauben. Sie haben den Maßstab verloren, sie glauben es.

VERDRÄNGEN UND NICHT-SEHEN

Es hat auch zu tun mit diesem Schönreden: Eine Sache zu verharmlosen, indem man sie leichter macht, als sie ist. Sie haben das ja ganz konkret erlebt in Zusammenhang mit einer Gedenktafel in Salzburg.

Ich glaube, es war 1980 oder 1981, da hat der österreichische Rundfunk eine Humanismustagung in Salzburg veranstaltet. Es waren viele Leute eingeladen, es gab ein Gespräch, das im Fernsehen und im Radio ausgestrahlt wurde. Es kann sein, daß ich zum ersten Mal in Salzburg war. Jedenfalls bin ich viel herumgelaufen, und am Fuß des berühmten Mozartstegs an der rechten Seite der Salzach fand ich eine Gedenktafel für die SS, ganz eindeutig. Zum Beispiel ist der Spruch „Unsere Ehre hieß Treue" darauf in Bronze zu lesen. Und dann sind zwei Hakenkreuze zu sehen. Ich war schockiert. Wie kommt das hierher? Warum hat niemand protestiert? Oder: Hat jemand protestiert? Ich habe meinen Freund Robert Jungk, der bestimmt kein Faschist ist und der in Salzburg wohnt, danach gefragt, und er sagte: „Du spinnst, sowas gibt es nicht." Dann habe ich ihn dahin geführt und es ihm gezeigt, und er sagte: „Weißt du, ich arbeite neben diesem Gebäude. Während meiner ganzen Zeit hier in Salzburg habe ich es nie gesehen."

Ich stand vor dieser Gedenktafel, ein Polizist kam vorbei, und ich fragte ihn: „Wo ist denn dieses berühmte Denkmal für die SS?" Seine Antwort war: „Wollen Sie verhaftet werden wegen Staatsbeleidigung?" Dann habe ich über meine Schulter gedeutet: „Was ist das?" Er hat sich das angesehen, die Hakenkreuze, den Spruch, und dann sagte er: „Wissen Sie, ich bin mein ganzes Leben lang Polizist hier in Salzburg, und ich habe das nie gesehen." Seitdem habe ich fast immer, wenn ich in Salzburg war und auch, wenn ich irgendwo einen Salzburger getroffen habe, gefragt, ob er weiß, wo die Gedenktafel ist. Ich frage zum Beispiel Taxifahrer. Ich steige in ein Taxi ein, möchte irgendwohin und frage: „Nebenbei, wissen Sie, wo dieses berühmte SS-Denkmal ist?" Ich habe in der ganzen Zeit, in diesen vielen Jahren, während meiner vielen Besuche in Salzburg, nie jemanden gefunden, der es gesehen hat. Und wenn man den Mozartsteg, eine berühmte Fußbrücke, von der linken zur rechten Seite der Salzach überschreitet, hat man die ganze Zeit dieses Ding im Auge. Man kann es nicht übersehen! Es ist einfach da! Und trotzdem hat niemand es gesehen. Dieses „Wir haben es nicht gesehen" oder „Wir haben es nicht gewußt" ist eine sehr sehr, wie soll ich sagen, eine sehr starke, mächtige Sache. Sehr mächtig, es ist erstaunlich, wie mächtig unsere Fähigkeit, zu verdrängen, ist.

Ich weiß nicht, ob das irgend etwas entschuldigt. Es erinnert aber zum Beispiel an die Tatsache, daß junge Wissenschaftler in den Jahren 1933 bis 1937 schon in jungen Jahren eine Professur bekommen haben, weil die Professur eben offen war. Viele Professuren an Universitäten in

Deutschland waren in diesen Jahren offen. Sie haben es einfach nicht gemerkt, daß so viele jüdische Professoren weg waren. Das heißt, *vielleicht* haben sie das nicht gemerkt. Oder Leute, die eine Wohnung in der Stadt fanden, in Berlin zum Beispiel, wo Wohnungen schwer zu finden waren. Sie haben eben nicht daran gedacht, daß vielleicht Juden hier gewohnt haben, die ausgewandert sind oder ermordet wurden. Dann kann man sagen: „Ja, wir haben nichts davon gewußt."

Ich habe vor kurzer Zeit etwas „entdeckt": im Dezember 1942 stand ein Artikel in der New York Times, ich glaube, es war der 2. Dezember 1942, ein Artikel über Vernichtungslager in Deutschland. Man sagt, man hat bis zum Ende des Krieges nicht davon gewußt – da war es, in der New York Times! Das ist erstaunlich, es ist wirklich erstaunlich.

Und ich kann mir vorstellen, daß mit den Greueltaten gegen die Ausländer in Deutschland – und es gibt sie ja nicht nur in Deutschland – dasselbe passiert, daß viele Leute es einfach verdrängen. Dann können sie sagen, sogar ziemlich ehrlich: „Wir haben es nicht gewußt". Und es ist auch erstaunlich: Da wütet der Krieg mit Gewalttaten, die ganz bestimmt an die KZs erinnern, hier in Europa im ehemaligen Jugoslawien. Menschen leiden, ich denke auch an die Kurden im Irak und in der Türkei, Menschen leiden furchtbare Leiden, vergleichbar den Leiden der vielen Menschen in KZs oder der russischen Gefangenen in deutschen Händen und umgekehrt. All das passiert heute und die meisten Menschen gehen herum im Wohlstand, der hier noch existiert, als ob das einfach nicht geschieht, obwohl es überhaupt nicht weit weg ist.

Vielleicht muß man es noch stärker verdrängen, weil es so nah ist.

Ich weiß nicht, denn auch etwas, was weit weg ist, ist leicht zu verdrängen. Noch eine Erfahrung als Beispiel – wir sprechen von Verdrängung: Vor einigen Jahren – vielleicht vor zwölf oder fünfzehn Jahren – haben die Inseln im Pazifik, die Osttimor heißen, ihre Unabhängigkeit bekommen oder gewonnen. Nach sehr kurzer Zeit haben die Indonesier entschieden, daß sie dieses Territorium übernehmen werden. Heute müßte man sagen, so wie Saddam Hussein entschieden hat, Kuweit gehöre ihm. Sie sind eingedrungen in Osttimor, haben es „übernommen", und in den folgenden wenigen Jahren wurde ein Drittel der Bevölkerung von Osttimor ermordet. Das ist ungeheuer. Denken wir an Kambodscha, wie empört die Welt war, jeder wußte davon – niemand weiß von Osttimor. Seit der Zeit damals frage ich mein Publikum im Audimax oder wo auch immer ich spreche: „Wer hier weiß irgend etwas von Osttimor? Wer weiß überhaupt, wo das ist oder was es ist, Osttirmor?" Es ist nie so viel wie ein Prozent der Anwesenden, die je davon gehört haben. Das ist wie die Geschichte in der New York Times im Dezember 1942 über Vernichtungslager. Es ist nicht so, daß diese Nachricht nicht ihren Weg in die westliche Welt gefunden hat, aber die Medien haben sie nicht besonders verbreitet oder überhaupt nicht verbreitet. Ich glaube, jeder, der das hörte, hatte vielleicht ganz unbewußt die Haltung: Das ist sehr, sehr weit weg, also wirklich, das hat mit uns absolut nichts zu tun. So, als ob es auf dem Mond wäre. Ich könnte mir sogar vorstellen, sollten wir so etwas wie Menschen auf dem Mars finden und da vielleicht eine Armut entdecken oder so etwas Ähnliches, würden wir uns viel mehr um diese Sache kümmern, als wir uns um Osttimor gekümmert haben. Ich denke auch daran, daß sich vor wenigen Jahren zwei oder drei große Wale verirrt hatten. Sie waren gefangen unter dem Eis. Da hat Amerika große Anstrengungen auf sich genommen. Das Militär setzte

Flugzeuge ein und wer weiß was noch. Für zwei Wochen war fast nichts anderes auf der ersten Seite der amerikanischen Zeitungen zu lesen. Darum haben wir uns gekümmert, jeder wußte davon. Kurze Zeit vorher geschieht da ein Massenmord im Pazifik, und es kümmert niemanden. Es ist sehr, sehr seltsam. Ich weiß nicht, wie es zu erklären ist.

Es heißt ja immer, daß man heute besser informiert ist als früher. Die Möglichkeiten, überhaupt zu wissen, was woanders vorgeht, sind größer, als sie es vor hundert Jahren waren.

Das bedeutet natürlich erst einmal, die Verbreitung von Lügen ist heute viel einfacher als vor wenigen Jahren etwa die Verbreitung von Märchen. Und gerade weil eben diese Illusion existiert, daß wir heute viel wissen oder viel mehr oder gar alles wissen, daß die Welt ein „global village" ist usw., gerade weil diese Illusion fast wahr ist und nicht ganz falsch, ist es gefährlich, wenn etwas nicht berichtet wird, wie zum Beispiel das Schicksal von Osttimor. Man kann daraus wirklich fast das Recht ableiten, zu glauben, daß es nicht existiert. Man muß nicht suchen. Alles kommt zu uns. Ich brauche überhaupt nicht nachzusehen, was hier oder dort los ist. Deshalb sind Organisationen wie Amnesty International ja äußerst wichtig. Ganz unabhängig davon, daß sie einzelne Menschen retten, die ungerecht im Gefängnis oder verurteilt sind, ganz unabhängig davon sorgen sie dafür, daß die Illusion, daß wir alles wissen, eben nicht so ganz absolut Fuß faßt. Es gibt Organisationen, die sich kümmern. Aber das kann natürlich auch als Ausrede benutzt werden: Man gibt fünfzehn Dollar im Monat an Amnesty International, damit hat man seine Pflicht getan, und jetzt braucht man nichts mehr zu sehen.

Aber man kommt doch immer wieder auf die Frage, was man als einzelner tun kann. Sicher kann nicht jeder dasselbe tun, aber Sie haben zum Beispiel gesagt, Sie seien jemand, der bestimmte Fragen einfach stellt und der diesen Konsens nicht mitmacht.

Wie kann man solche Fragen stellen? Man kann es, indem man sagt, daß es äußerst notwendig ist, eine gewisse Skepsis als Teil seiner Haltung zu haben. Nicht, daß man eine Liste hat und sagt, ach heute habe ich noch keine Skepsis ausgeübt, jetzt muß ich ein bißchen kritisch nachdenken. Nein, nein, es sollte wirklich ein Teil des Charakters werden. Ein Teil des Daseins sollte diese Skepsis sein. Wie kann das geschafft werden? Ganz bestimmt ist es viel leichter, wenn man jung ist, als wenn man älter ist. Und sicherlich viel leichter, wenn die Eltern für das Kind Vorbilder sind. Man kann diese Haltung kaum in der Universität studieren.

Es muß von innen her kommen.

Ja.

Wie würden Sie das bei sich sehen? Hat das zu tun mit Ihrer Emigrationsgeschichte?

Oh, es ist ja schwer, es ist ja furchtbar schwer zu sagen, was aus mir geworden wäre, wären wir nicht emigriert. Sicherlich hätte ich den Krieg nicht überlebt, sicherlich wäre ich in den Gaskammern von Auschwitz oder Birkenau oder irgendwo umgekommen. Natürlich hat alles in meinem Leben etwas mit meiner Emigration zu tun. Aber ich glaube, diese Skepsis hat etwas mit der intimen persönlichen Geschichte zu tun, ich meine jetzt Geschichte im Sinne von „history". Wir sind alle Produkte unserer Geschichte, unserer Lebensgeschichte. Ich könnte die Behauptung aufstellen und verteidigen, daß es damit zusammenhängt, wie meine Eltern und mein Bruder mich behandelt haben, und damit meine ich auch, schlecht behandelt haben. Ich denke, daß ich sehr früh gelernt habe, ein Dissident zu sein. Ich habe sehr früh gelernt, daß ich mich selbst nicht etablieren konnte, ohne ziemlich bewußt immer ein bißchen oder sogar sehr viel anders zu sein. Schon als Kind. Es ist bestimmt nicht etwas, das ich entschieden habe oder eine einfache Folge meiner Emigration oder meiner Erfahrung in der amerikanischen Armee im Zweiten Weltkrieg. Das glaube ich nicht. Ich glaube vielmehr, es hat sehr viel mit meiner Kindheitsgeschichte wirklich zu tun. In meinem Fall – bei vielen Menschen ist es sicherlich ganz anders – hat es mit einer gewissen Verteidigung zu tun: wie ich mich in dieser Welt, in der Welt eines älteren Bruders und dieser Eltern, die eben eine bestimmte Haltung hatten, sozusagen am Leben gehalten habe. Besonders als ein einzelner. Das verlangte sicherlich einen gewissen Widerstand oder eine Fähigkeit zum Widerstand. Bei mir war es eben diese Differenzierung: ich bin anders, und auch eine früh gelernte und verinnerlichte Skepsis. Ich dachte nicht, daß die Welt ganz genauso ist, wie behauptet wird, nicht einmal so, wie sie aussieht.

Wenn Sie das so sagen, dann war natürlich die Emigration nach Amerika noch ein Verstärkungsfaktor für dieses Anderssein. Angelegt aber war es schon vorher.

Ja, ich würde das so sagen. Ich war dreizehn Jahre alt, als wir herüberkamen auf der „Bremen", ein sehr großes Schiff derzeit. Und ganz abstrakt kann man sich vorstellen, da ist ein dreizehnjähriger Junge, der jetzt gezwungen ist, alles, was er kennt, und ganz besonders die Menschen, die er kennt, seine Freunde, seine Schule, seine Schulkameraden hinter sich zu lassen. Alles das verschwindet und ist durch etwas anderes ersetzt, durch Kinder, neue Schulkameraden, deren Sprache man am Anfang nicht sprechen kann, so daß man sowieso sofort als anders erkannt wird. Also, erst einmal überhaupt kein Englisch und dann ein schwaches Englisch und dann immer mit einem gewissen Akzent – da ist man eben anders. Es gab vieles, was sie im Kindergarten und in der Schule gelernt hatten und was ich nicht kannte, nicht wußte. Zum Beispiel: ich war bestimmt mindestens fünfzehn oder sechzehn, als ich zum ersten Mal erfuhr, daß es in Amerika einen Bürgerkrieg zwischen dem Norden und dem Süden gegeben hat. Für mich war das erstaunlich. Alle anderen Kinder wußten das natürlich. Ob sie tatsächlich etwas davon wußten, ist eine andere Frage. Aber ich war dadurch sofort anders. Und es kommt noch hinzu, daß es das Alter der Pubertät war, wo sowieso so viel los ist. Da muß man nicht staunen, daß so ein Kind ein bißchen verwirrt wird und vielleicht sogar verrückt oder neurotisch oder etwas anders. Jedenfalls kann das nicht ohne Folge sein. Ich glaube, unter diesen Umständen hat das Kind vielleicht nur zwei Alternativen, zwei Wege, entweder den einen oder den anderen. Der eine ist, sich so schnell wie möglich anzupassen, so schnell wie möglich ein richtig amerikanisches Kind zu werden mit Baseball und allem, was dazu gehört. Der andere Weg ist, diese Verschiedenheit irgendwie zu nutzen und zu behalten, wieder einmal als eine Art Verteidigung gegen die vielen Gefahren, die da draußen sind. Etwa so: Ich war ein Stadtjunge in Berlin, ein jüdischer Stadtjunge in Berlin, und jetzt bin ich ein Stadtjunge in Detroit, Michigan, und dort gibt es auch Antisemitismus. Die

Gefahren sind dort nicht so viel anders, als sie in Berlin gewesen sind. Ja, und da konnte ich vielleicht meine Besonderheit nutzen. Ein Beispiel ist – und ich glaube, das hat ein Leben lang, offensichtlich ein Leben lang, bis heute noch, Einfluß gehabt – daß ich ziemlich gut in Mathematik war. Ich meine die Mathematik, die man bis dreizehn in Deutschland lernt, die geht nicht besonders tief. Jedenfalls hat mir das immer Spaß gemacht, und schließlich habe ich Mathematik studiert. Mathematik war zu einem großen Teil sprachunabhängig. Ich konnte Algebra machen, egal, ob es auf englisch gesagt wurde oder auf deutsch. Ich war in Mathematik besser als die meisten meiner Schulkameraden. Da war ich anders in diesem Sinn. Außerdem habe ich mich dafür interessiert. Ich konnte sowieso nicht Baseball spielen, mit Bällen hatte ich sehr wenig im Sinn in meiner Kindheit, ich konnte sowieso mit ihnen nicht umgehen. Da bewegte ich mich also schon, als ich ganz jung war, vierzehn Jahre alt, in die intellektuelle Richtung. Ich konnte Mathematik, hatte sogar Spaß daran, und das ist recht selten, und, was ich betonen möchte, das gehörte schon zu diesem Anderssein. Heute sehe ich, wenn ich zurückblicke, sehr klar, daß ich das genutzt habe. Das war die Etablierung meiner Identität für mich selbst. Und das ist lebenslang geblieben. Jetzt, in den letzten zwanzig Jahren, bin ich ein Mitglied des Scientific Establishment, also der naturwissenschaftlichen Elite in Amerika, aber ich bin ein Dissident. Ich bin anders. Und das hat Gründe. Das passiert nicht so ganz zufällig.

Wie empfinden Sie es dann, wenn Sie in einer Kurzbiographie über sich lesen: begeisterter Computerwissenschaftler, der sich vom Saulus zum Paulus verwandelte …

Oh bitte, nicht Saulus-Paulus, das ist ja ein furchtbarer Fehler! Ich hoffe, daß wir nicht lange darüber reden. So wie ich die Saulus-Paulus-Geschichte verstehe, war dieser Saulus ein ziemlich fürchterlicher Kerl, fast wie ein Mafioso, der die Christen gejagt und verfolgt hat. Dann hatte er, Saulus, eine Vision, und in wenigen Tagen verwandelte er sich in einen Heiligen, Sankt Paulus. Erst einmal, und das möchte ich ein bißchen betonen: Ich war nie ein Mafioso! Ich würde sogar sagen – es ist vielleicht auch wichtig und interessant – daß dieses Anderssein, das ich so sehr erstrebte, tatsächlich zum größten Teil unbewußt, eben eine Verteidigung war gegen all diese Strömungen, diese Mächte, die mich dazu zwingen wollten, genauso wie jeder andere zu sein. Es war ein Kampf dagegen. Denn da war auch viel in mir, das mich in die Richtung drängte, mich einzureihen, so zu sein wie alle anderen. Also, ich war kein Mafioso. Ja, und dann hatte ich auch keine „Epiphany", keine Offenbarung, keine Vision, die mich in wenigen Tagen oder Wochen oder sogar Jahren veränderte. Wenn ich mein Leben jetzt ansehe, dann sehe ich Pfade, die von meiner Kindheit bis heute ununterbrochen verlaufen. Es gab keine Diskontinuität, auch nicht in meinen wissenschaftlichen Aktivitäten.

Wie gewinnt man überhaupt „success", also Erfolg in der Wissenschaft? Man gewinnt ihn, indem man in einem gewissen Sinn etwas Neues herstellt oder etwas Neues sieht. Man könnte für „neu" genausogut das Wort „anders" benutzen: indem man etwas anderes sieht. Ich kam also zum Computer. Ich glaube nicht, daß ich klüger war als andere junge Fachleute, aber ich hatte unter anderem einen „sense of humour", so eine Witzigkeit, die mich durchdringt und die nicht weggeht, wenn es zur ernsten Arbeit kommt. So konnte ich den Computer ein bißchen – und das ist das wichtige Wort – „anders" sehen. Etwas anderes herausholen ... Ich habe ein Programm geschrieben, das war das allererste und es kann sein, auch bis jetzt das letzte, das Leute zum Lachen brachte. Das ist anders. Noch ein Beispiel für das Anderssein: Es ist vielleicht zu stark ausgedrückt, daß meine Kollegen über den Vietnamkrieg begeistert waren. Aber jedenfalls freuten sie sich, daß das Computerfach an den Universitäten sehr viel Geld bekam. Es war überhaupt keine Frage, daß man alle möglichen Forschungsprojekte durchsetzen konnte, daß sie finanziert wurden vom Pentagon, also vom Militär in Amerika, und daß ich eben dagegen reagierte. „Augenblick mal, was machen wir denn hier eigentlich?" und alles, was daraus folgt. Das ist ganz anders als die Saulus-Paulus-Geschichte! Statt eine Wendung bedeutet es vielmehr, daß ich in der Versuchung das geblieben bin, was ich war.

Wenn man einen Grund für seine Skepsis sucht, dann kann man ihn schon finden. Es war mir seitdem nicht notwendig, meine Dissidenz neu zu gründen. Die Evidenz, die Unterstützung für diese Dissidenz braucht man nicht besonders zu suchen. Das ist auch interessant: Es liegt um uns herum, man kann sozusagen nicht über die Brücke gehen, ohne es zu sehen, wie das SS-Denkmal in Salzburg, aber die meisten sehen es nicht. Sie sehen es einfach nicht. Ein fast triviales Beispiel fällt mir ein: der Prozeß der „selective perception", der selektiven Wahrnehmung. Wenn ich vorhabe, mir einen Alfa Romeo zu kaufen, sehe ich auf einmal überall Alfa Romeos. Oder wenn ich mir einen Bart wachsen lassen will, sehe ich auf einmal viele Männer mit einem Bart. Das, was wir sehen, ist ein Teil unserer Psychologie. Aber auch das, was wir nicht sehen. Und dann denke ich: Warum sehe ich es? Das hat wieder einmal mit Anderssein zu tun.

Ich bin in einer Gesellschaft aufgewachsen, in der die europäische westliche Kultur, in der die christliche Kultur die vorherrschende Rolle spielt. Überall oder jedenfalls sehr oft und unvermeidlich sehe ich das Kruzifix. Nicht nur das Kreuz, sondern Christus am Kreuz. Es gibt Menschen, die es um ihren Hals herumtragen. Es steht auf Schreibtischen, es hängt an der Wand, in einer Kirche können drei oder vier davon sein, sogar „larger than life", sogar in Überlebensgröße. Da hängt dieser Mann! Mit Nägeln durch seine Hände und seine Füße – eine furchtbare Folter! Er hängt da, und es scheint so, als ob niemand es sieht. Niemand sieht es, niemand nimmt wahr, was da tatsächlich stattfindet: daß hier ein Mensch schrecklich leidet! Aber man kann davor sitzen und Eis essen. Es ist eine Form – ich bestehe darauf! – es ist eine Form: „Wir haben es nicht gesehen." Ich glaube wirklich, daß die meisten Christen in der westlichen Welt, sagen wir in Amerika oder in Bayern oder in Spanien oder in Frankreich, dieses Kreuz nie gesehen haben. Es ist fast überall, und sie haben es nie gesehen. Sie haben nie hingeschaut und sich gefragt: Was ist das? Was ist hier los? Was passiert hier? Ich glaube, wenige Christen haben das gefragt. Ich meine jetzt nicht die Priester, ich meine die einfachen Christen, die, sagen wir, an den meisten Sonntagen zur Kirche gehen. Sie würden mir nicht sagen können, wie lange es dauerte, bis Christus am Kreuz starb. Wieviele Tage dauerte es? Wie starb er? Woran starb er? Was war die Ursache seines Todes? Die Ursache seines Todes war, daß sich seine Lungen langsam mit Wasser gefüllt haben, und er ist ertrunken. Vielleicht ist das – es ist sehr sehr traurig – vielleicht ist das eine Art Grundmetapher. Vielleicht wurde die Fähigkeit, nichts zu sehen, gerade auf diesem Weg, einem scheinbar religiösen Weg in die Kinder „ hineingesteckt". So eine Grundhaltung ...

Ich erinnere mich, ich muß elf oder zwölf Jahre alt gewesen sein, vielleicht nur zehn, die Nazis hatten jetzt die Macht, und unter anderem holten sie einen Held aus der früheren Geschichte Deutschlands hervor, Albert Schlageter. Schlageter war jemand, der im Ruhrgebiet nach dem ersten Weltkrieg gegen die französische Besetzung Sabotage gemacht hat. Jedenfalls war er deswegen verurteilt worden. Er wurde erschossen, hingerichtet, wie man sagt. Aus dieser Geschichte wurde dann sozusagen eine Legende gemacht, Schlageter wurde zum Held des deutschen Nationalismus. Wie gesagt, ich war zehn Jahre alt und ob ich Jude war oder nicht, natürlich habe ich das mitgemacht in der Schule. Ich glaube sogar, ich war damals im Gymnasium. Noch! Bevor ich als Jude rausgeschmissen wurde. Und ich erinnere mich fast so, als ob es gestern gewesen wäre, wie tief ich nachgedacht habe und welche Alpträume ich hatte wegen dieser Hinrichtung. Ich habe mir richtig vorgestellt: Da steht er, und dann kommt das Hinrichtungskommando – alles, was damit zu tun hat: wie die Gewehre aufgenommen werden, man hört es, und da steht er, vielleicht mit verbundenen Augen, und er wird erschossen. Also, anscheinend ist so etwas den allermeisten Menschen, den allermeisten Kindern mit der Kreuzigung Jesus nie so verinnerlicht worden. Vielleicht ist das einfach zu gefährlich. Ich weiß wirklich nicht, was ich daraus schließen soll, aber ich glaube, es ist ein Grundphänomen im Lernen, nicht zu sehen.

Sie meinen, es ist ein frühes Vorbild?

Ich habe einmal einen Mönch in einem Kloster gefragt, wie lange Christus am Kreuz war, und er erzählte mir unter anderem, daß zuerst seine Oberschenkel zerschlagen wurden.

Das sieht man nicht in den vielen Abbildungen. Dieses Zerschlagen der Oberschenkel war eine Gnade, die nicht jedem gewährt wurde, nicht jedem Kriminellen, der gekreuzigt wurde in dieser Zeit. Es bedeutete, daß er sich kaum aufrecht halten konnte, und das beschleunigte dann den Tod. Also, eine furchtbare Geschichte, eine grausame Geschichte, und in einer katholischen Gegend wie Bayern oder in einer katholischen Stadt wie Salzburg wissen das sicherlich die meisten Menschen nicht. Und sie haben auch nicht gefragt.

Auch die Kinder nicht, fragen die Kinder wirklich nicht? Das führt natürlich weiter zu der Frage: Warum ist eigentlich der gekreuzigte Jesus gerade das Bild, das Symbol für die Religion? Man könnte ja eine ganz andere Situation aus seinem Leben nehmen.

Ich kann mir eine „statue" vorstellen, die Jesus bei der Bergpredigt zeigt, eine Statue, die das repräsentiert und das Grundsymbol wird. Das kann ich mir vorstellen, das ist es aber nicht. Ich weiß nicht, ist es nicht fast immer der Fall, daß in einem gewissen Alter Kinder zu ihrer Mutter rennen und weinen und sich erschrocken an sie klammern und nach Jesus am Kreuz fragen, wenn sie zum ersten Mal davon gehört haben? Ich würde denken, das müßte ein „absolute standard" Phänomen sein in einem christlichen Haus.

Ich wollte vorhin schon einmal nachfragen, als Sie erzählt haben, wie Sie 1936 aus Deutschland ausgereist sind: Haben Sie damals die Notwendigkeit – Sie waren dreizehn Jahre alt – eingesehen oder haben Sie es Ihren Eltern irgendwie vorgeworfen, daß Sie Ihre vertraute Umgebung verlassen mußten?

Ich habe es meinen Eltern nie vorgeworfen. Der Gedanke, daß es da etwas vorzuwerfen gab, kommt mir jetzt zum ersten Mal. Ich habe nie daran gedacht.

Aber Sie verstehen, wie ich das meine? Man kommt weg aus einer Umgebung, in der man gerne war, weg von seinen Freunden, von allem, was einem vertraut war. Man wird ja mitgenommen als Kind, man wird ja nicht gefragt. War Ihnen damals schon vollkommen klar, daß das sein mußte?

Es war mir klar, daß wir etwas Bösem entkommen. Es war mir klar, daß es eine Flucht war, eine real notwendige Flucht, also, nicht nur etwas, das meine Eltern sich eingebildet haben. Ich machte mir Sorgen um die Kinder in der jüdischen Knabenschule, in die ich in Berlin zuletzt gegangen bin, ich machte mir Sorgen um meine Schulkameraden. Ich machte mir Sorgen, ob die auch wegkommen. Vielleicht wäre es mir nicht klar gewesen, wäre ich zu der Zeit acht oder zehn Jahre alt gewesen, aber mit dreizehn war es mir klar, äußerst klar, daß wir wegkommen von etwas sehr, sehr Bösem und sehr, sehr Gefährlichem. Ich konnte nicht wissen, wie schlimm es sein würde, natürlich nicht, aber das habe ich meinen Eltern nie in irgendeinem Sinn vorgeworfen. Ich hatte großen Respekt vor meinem Vater, weil ich damals schon wußte, daß es ziemlich mutig war, das zu machen: In eine ganz neue Welt zu gehen, in seinem Alter ... Er war damals um die fünfzig Jahre. Das war nicht so einfach. Und man durfte ja kein Geld mitnehmen. Es gab damals allerdings einen Konflikt für mich: Ich wolle nach Palästina, ich war Mitglied einer zionistischen Gruppe, und ich wolle nach Palästina. Ich habe auch meine Eltern gefragt, ob das nicht möglich ist, daß sie nach Amerika gehen und ich nach Palästina. Ich fragte sie, ob das ginge. Meine Mutter sagte ganz einfach, daß sie nicht bereit sei, mich so leicht loszulassen. Das habe ich dann akzeptiert, ich glaube, weil ich es verstanden habe, und dann bin ich mit nach Amerika. Ja, es war ziemlich selbstverständlich.

Ich erinnere ich, im Büro des Rektors von der jüdischen Knabenschule zu sitzen. Der Rektor durfte sich übrigens nicht mehr Rektor nennen, das war eine Regel gegen Juden. Der Vorsitzende oder Präsident oder was auch immer einer jüdischen Schule durfte sich nicht Rektor nennen. Jedenfalls sagte er uns in seinem Büro „farewell" und jemand erwähnte – ich weiß gar nicht, ob er es war – daß wir eine Kiste Orangen zurückschicken sollten von Florida. Und es war mir in diesem Büro klar, daß es sehr gut sein könnte, daß sie dann überhaupt nicht mehr da sind, um Orangen zu empfangen. Ich weiß nicht, warum es mir besonders klar war, daß es mit den Juden, mit uns Juden fürchterlich kommen würde, denn es gab so viele, denen es eben nicht klar war. Ich weiß nicht, warum es mir klar war.

Es war nicht so, daß Sie damals ganz besonders extreme Sachen erlebt haben?

Nein. Ich habe nichts Besonderes, nichts ganz Schlimmes erlebt. Ich erinnere mich auch, als wir nach Detroit kamen, waren da junge Leute in einer Synagoge, die jiddisch sprachen, nicht deutsch, und die meinen Bruder und mich aufgesucht und zu sich geholt haben, damit wir von Deutschland und dem Schicksal der Juden in Deutschland erzählen, so wie wir es gesehen haben. Sie dachten, wir würden fürchterliche, grausame Sachen erzählen. Das konnten wir nicht, weil wir diese Erfahrung nicht hatten. Es ist bestimmt nicht so, daß es keine grausamen Sachen gab, aber zu dieser Zeit ... zu dieser Zeit war die Grausamkeit gegen die politischen Gegner immer noch sichtbarer als die gegen die anderen. Gerade in der Gegend, wo wir wohnten in Berlin, war eine SA-Kneipe. Man konnte sehen, daß Menschen hineingezerrt wurden, und jeder wußte, daß in den Hinterräumen etwas Fürchterliches passierte. Sogar wir Kinder wußten es. Und das zu wissen, genügte. Das hatte vielleicht nicht besonders mit Juden zu tun, aber jedenfalls war es eine grausame Gesellschaft, in der wir lebten. Es war eine grausame Gesellschaft geworden. Was mir in diesem Zusammenhang einfällt: In Deutschland gab es verschiedene Arten von Polizisten. Da war zum Beispiel der Kriminalpolizist, der „detective" würde ich vielleicht heute sagen, und da war der Schupo. Der Schupo war der Schutzpolizist, und der war der, der eben immer in der Nähe war und die Leute im Viertel kannte. Es wurde uns irgendwie verinnerlicht, es wurde uns gelehrt, daß wir auf seine Hilfe rechnen konnten, wenn wir zum Beispiel verloren gehen sollten in der Stadt oder so. Man kann immer zu dem freundlichen Schupo gehen, und der wird schon alles gutmachen. Das war ein tiefer Glaube, das war eine Art Tradition, ich nehme an, besonders unter Kindern. Und dann, Anfang 1933, stellte sich heraus, daß das nicht der Fall war. Es war der Fall gewesen, aber jetzt nicht mehr, und das war erschreckend. Ich glaube, das hat einen großen Einfluß gehabt, besonders auf die Haltung von jüdischen Kindern. Aber vielleicht auch auf viele andere. Auf einmal war dieser

Schupo, dieser Schutzpolizist, kein Freund mehr. Man konnte nicht mehr mit ihm rechnen.

Also, ein fast elementares Sicherheitsmoment fällt weg.

Ja, und ich glaube, ziemlich abrupt. Ich glaube, daß sehr viel auf einmal verloren ging. Es war nicht so, als ob an einer Ecke eine Ampel weggenommen wird. Sehr viel ist damit verloren gegangen, so wie ich mich daran erinnere. Ich habe nie irgendwo etwas darüber gelesen, es fällt mir gerade jetzt ein.

Das kann ich mir gut vorstellen. Das ist ja viel mehr als nur diese Person ...

Ja, der Schupo ist ... Es ist nicht wie in Amerika, wo der Polizist teilweise eine komische Figur ist und wo überhaupt der Respekt vor Autorität und vor allem der Respekt vor Uniformen kaum existiert. In Deutschland ist die Uniform von großer Bedeutung. Der Schupo ist bzw. war eine wichtige Figur: immer gut angezogen, seine Uniform ist immer sauber. Er hatte diesen komischen Helm auf und war, meiner Erfahrung oder jedenfalls meiner Erinnerung nach, so eine Art Vaterfigur oder Onkelfigur. Er war immer hilfreich. Er war immer da. Und dann verschwand diese große Sicherheit auf einmal.

Ich erinnere mich auch an Geschichten, daß jemand ins KZ geholt wird – ich meine jetzt nicht Geschichten, die ich damals wußte, ich meine Geschichten, die ich jetzt weiß, die ich gelesen habe – und sein Bruder geht zur Polizei und beschwert sich. Natürlich hatten die Leute, die ihn abholten, keine Papiere oder gerichtliche Unterlagen bei sich, es gab keinen Prozeß, also, es war in höchstem Maße illegal. Sie haben ihn geschlagen und weggeholt. Der Bruder läuft ganz verzweifelt zur Polizei und kann überhaupt nicht verstehen, warum die nicht sofort eingreifen. Der Wachtmeister versucht, ihm klarzumachen, daß das, was er jetzt tut, äußerst gefährlich für ihn ist, daß es eine sehr gefährliche Sache ist, gegen die Nazis zu klagen, daß er jetzt der nächste sein könnte, der ins KZ kommt. Und vielleicht auch, daß es gefährlich für den Wachtmeister ist, wenn er tatsächlich sagt, gut, wir werden mal sehen.

Diese Figur des Schupos ist vielleicht ein bißchen vergleichbar mit der Figur des Pfarrers. Man weiß einfach, der würde einen nicht verraten. Das Idealbild der Kirche, die jeden Menschen aufnimmt, erst einmal ein Dach überm Kopf, erst einmal Asyl gewährt ... Egal, woher ich komme und wer ich bin, das muß mir erst einmal gewährt werden. Wenn diese Idee wegfällt, dann ist das etwas sehr Schlimmes.

Ich weiß nicht, ob der Schupo überall, in allen deutschen Städten, diese Figur war. In Berlin, jedenfalls in dem Teil von Berlin, in dem ich wohnte, Stadtmitte Berlin W 8, war er es. Er war in einem gewissen Sinn die Gerechtigkeit, er war das Gesetz. Ich weiß natürlich nicht, wie das bei den Erwachsenen war, aber für uns Kinder war das ganz bestimmt so. Es wurde uns gelehrt, mit so einer Ehrlichkeit und einer Tiefe, daß wir es tatsächlich glaubten. Sicherlich kannten wir alle die Erfahrung, mal verlorengegangen zu sein. Da sind wir irgendwo in Berlin und wissen nicht, wie wir zurückfinden sollen. Und dann geht man zum Schupo, und der Schupo ist bereit zu helfen, ganz selbstverständlich.

Nicht: „go away, I'm busy" – „geh doch irgendwo anders hin, also, du siehst doch, daß ich etwas zu tun habe" oder so etwas. Nein, er war da als Hilfsperson, und dann war er eben nicht mehr da. Auf einmal wurde er der Feind. Unter anderem mußte er das Hakenkreuz auf seiner Uniform tragen …

… und war einfach nicht mehr da.

Da war niemand da. Danach war niemand da. Ich weiß nicht, ob es mir passiert ist oder nicht, aber hätte ich danach meinen Weg in Berlin verloren, dann wäre es bestimmt am besten gewesen, einen Juden aufzusuchen – das denke ich heute – vielleicht jemand zu fragen: „Sind Sie Jude?" Es wurde gefährlich! Obwohl ich betone, mir ist kaum etwas passiert. Oh, manchmal von Hitlerjungen geprügelt zu werden auf dem Weg zur Schule, jetzt eben zur jüdischen Knabenschule. Es kam vor, daß da eine kleine Gruppe wartete, und wenn man kam, dann wurde ein bißchen geprügelt, aber nichts furchtbar Schlimmes. Mein Arm wurde nie gebrochen, und ich bin nie so nach Hause gekommen, daß meine Mutter sagte: „Mein Gott, was ist mir dir?" Das ist mir nie passiert. Außerdem hatte der öffentliche Antisemitismus und die Ausgliederung von Juden aus allen möglichen sozialen Gruppen, Theatern usw. auch zur Folge, daß die Juden, manche vielleicht zum ersten Mal, sich einander näherten.

Danach wollte ich gerade fragen ..

Da gab es zum Beispiel eine ganz neue Qualität der Kameradschaft in den Schulen. Ich möchte es nicht idealisieren, aber so etwas war da.

War es Ihnen vorher überhaupt bewußt, ich meine, spielte es überhaupt eine besondere Rolle für Sie, Jude zu sein?

Ja, doch. Also, Hitler hat die Juden nicht erfunden, das muß man schon sagen. Es gab nicht nur Antisemitismus, es gab ein jüdisches Leben. Das war da. Die Juden in Berlin – wieder einmal meiner Kindererfahrung nach, und ich weiß nicht, wie ernst man die nehmen sollte – waren nicht fast unsichtbar, so wie in großen Teilen Amerikas, wo es eben eine Synagoge und auch jüdische Viertel in den Städten gibt, in denen sehr viele Juden wohnen. In New York zum Beispiel gibt es riesengroße Viertel, man könnte fast sagen, eigene Städte, die zum größten Teil jüdisch sind. Aber trotzdem sind die Juden in den großen Städten Amerikas viel mehr integriert, wenn auch nicht ganz und gar, aber viel stärker in die Gesellschaft integriert, als sie es in Deutschland je waren, auch vor Hitler. Es gab in Deutschland reiche Juden, es gab sehr, sehr viele arme Juden, und es gab jüdische Organisationen, zum Beispiel die Winterhilfe. Aber erst nach 1933 – ich sollte nicht sagen „erst" – jedenfalls nach 1933 kamen die Juden einander immer näher. Das bedeutet auch, daß Konflikte verstärkt wurden. Also, wenn Leute einander nahe kommen, dann gibt es manchmal eine Reibung. Ich meine zum Beispiel Konflikte zwischen den orthodoxen Juden und den Reformjuden, zwischen Zionisten und Nicht-Zionisten und vieles andere. Das ist, glaube ich, heute ziemlich gut dokumentiert in verschiedenen Büchern, die in Deutschland erschienen sind.

COMPUTERMYTHEN

Was ich jetzt unbedingt noch wissen möchte, hat zu tun mit der Skepsis, die Sie vorhin erwähnt haben. Also, die Skepsis, die als Haltung für Sie notwendig scheint. Wieviel muß man denn von einer Sache wissen, um skeptisch zu sein?

Ich glaube, je mehr man über eine Sache weiß, desto weniger ist es notwendig, die Skepsis sozusagen bewußt einzuführen. Denn wenn man sehr viel über die Sache weiß, dann, nehme ich an, weiß man auch, was man noch nicht weiß oder wie man die Sache versteht und wie nicht. Da hat man eine Basis für „judgement", für die Beurteilung. Wenn man wenig von der Sache weiß, dann ist man zu leicht überredet, vielleicht sollte ich sagen: dann überredet man sich selbst zu leicht. Ganz besonders, wenn man mit jemandem spricht, der oder die sehr eloquent ist. Es könnte auch ein Buch sein oder ein Artikel, der sehr eloquent ist. Sehr überzeugend. Das hört man oder liest man, und dann denkt man, ja, das muß stimmen. Oder man denkt überhaupt nicht, daß es stimmen muß, es stimmt einfach. Man verliert seine Skepsis einfach wegen der Eloquenz des Statements. Da muß man vorsichtig sein. Wenn man sehr viel über die Sache weiß, dann hat die Eloquenz einen geringeren Effekt.

Nun ist aber gerade der Computerbereich ein Bereich, in dem viele Leute ein oberflächliches oder ein sehr begrenztes Wissen haben.

Das ist O.K., wenn sie es wissen, daß ihr Wissen sehr begrenzt ist, so daß sie, wenn sie etwas Neues hören, erst einmal skeptisch sind. Ich meine dabei nicht, daß sie sofort glauben müssen, das stimmt nicht, ich meine einfach eine Skepsis. Ich denke zum Beispiel an Künstliche Intelligenz. Es wird bestätigt – vielleicht sollte ich betonen: sogar ich bestätige es – daß es so etwas geben könnte. Ich bestätige, daß man eine vernünftige Definition von Künstlicher Intelligenz liefern könnte. Und dann treten die Ideologien der KI auf und erzählen viele Märchen, die ganz besonders mit der Zukunft, öfters sogar mit der nahen Zukunft zu tun haben.

Es ist sehr leicht, darauf reinzufallen. Die Leute erzählen sich das dann untereinander, und die Presse wiederholt alles, weil es eben eine Sensation ist. Da muß man wirklich sagen, „Augenblick mal, das werde ich mir überlegen, so leicht bin ich nicht überzeugt von dieser Zauberei.“

Aber auch im Alltag, in der Computeranwendung im Alltag gibt es doch Märchen oder Mythen, mit denen man konfrontiert ist.

Ja, es gibt eine ganze Menge – ich bin in Versuchung zu sagen – Fakten oder jedenfalls Sätze über den Computer, die fast jeder Mensch glaubt, die aber einfach nicht wahr sind. Ich denke an einen Spruch von Will Rogers, dem amerikanischen Philosophen. Er hat mal gesagt: „It aint what you don't know that hurts you, it's all the things you know that aint true.“ Also: „Es ist nicht das, was du nicht weißt, das dir wehtut, sondern die ganzen Sachen, die du weißt und die nicht wahr sind.“ Im Computerbereich gibt es eine ganze Menge Dinge, die fast als Grundsätze akzeptiert sind und die einfach nicht stimmen.

Ein Beispiel: Mit dem Computer geht alles schneller.

Das ist ein Märchen, das schon seit Beginn des Computer-Zeitalters verbreitet wird. Jeder Mensch, der einen PC hat und versucht hat, irgend etwas mit dem PC zu machen, weiß, daß das nicht stimmt. Vieles geht langsamer, zum Beispiel einen Brief zu schreiben. Wenn ich einen Brief schreiben will, setze ich mich hin, nehme meinen Füller und ein Blatt Papier und schreibe den Brief in kurzer Zeit. Wenn ich den gleichen Brief mit Hilfe eines Textverarbeitunsprogramms schreiben soll, dann dauert es viel länger, obwohl ich doch bestimmt viel Erfahrung im Umgang mit dem Computer und mit Programmen habe.

Wie kommt das?

Zuerst schreibe ich den Brief, dann drucke ich ihn aus, dann lese ich ihn, korrigiere eventuelle Fehler, drucke ihn wieder aus. Ach, da ist noch ein Fehler, vielleicht sollte hier noch ein Absatz sein ... Dann korrigiere ich und drucke wieder. Hätte ich den Brief mit der Hand geschrieben, wäre er längst fertig.

Das führt zu einem weiteren Märchen: Es wird behauptet, der Computer führe zu einem papierlosen Büro, ja, zu einer papierlosen Gesellschaft. Bleiben wir bei dem Beispiel mit dem Brief. Ich habe bereits erwähnt, daß ich den Brief mehrfach ausdrucke, immer wieder neu überarbeite. Das dauert nicht nur länger, ich verbrauche auch viel mehr Papier. In der Verwaltung in meiner Universität, in meinem Fachbereich sehen wir die Berge von Papier, die jeden Monat verbraucht werden. Es ist das Gegenteil von dem, was wir vor dreißig Jahren erwartet haben. Wir haben von einer papierlosen Gesellschaft geträumt, und das Gegenteil ist eingetreten.

Ein anderes Märchen: Wenn man einen Computer im Geschäft einsetzt, dann arbeitet das Geschäft viel effizienter, und deswegen wird der Gewinn größer. Es ist ein weit verbreiteter und von der Computer-Industrie natürlich sehr stark geförderter Glaube, daß Computer im Geschäft und in der Industrie die Effizienz und die Produktivität erhöhen und deswegen Geld sparen. Am MIT gibt es eine Business School, die vor einigen Jahren eine Untersuchung durchgeführt hat über den Einsatz von EDV in Unternehmen. Die Ergebnisse sind in einem umfassenden Bericht festgehalten, die Überschrift des Kurzresümés lautet ungefähr: „Es gibt nicht den geringsten Hinweis, daß ein Computer jemals im Geschäft Geld gespart hat – not the smallest hint". Ein weiteres Märchen: Der Computer übernimmt die

Routinearbeit und überläßt die „höheren Dinge" den Menschen. Der Computer schafft für den Menschen einen Freiraum, so daß er sich über wichtigere Dinge Gedanken machen kann. Da braucht man sich nur jemanden vorzustellen, der bei MacDonald an der Kasse sitzt und überhaupt nicht mehr lesen können muß, weil auf den Tastaturen Bilder sind vom BigMac und vom Hamburger usw. Der richtige Tastendruck genügt, und der Computer macht alles andere, die Arbeit an der Kasse funktioniert reibungslos. Da soll man sich nun also vorstellen, daß der junge Mann oder die junge Frau, die dort sitzt, an Hölderlin und Shakespeare denkt, weil der Computer ja die Routinearbeit übernommen hat ...

Vielleicht sollte ich statt Märchen viel eher sagen: Mythen. Denn sie haben eine bestimmte Aura, und viele Menschen glauben daran.

Gehört nicht auch zu diesen Computermythen die Aussage, daß eine Information gelöscht wird?

Dazu kann ich eine kleine Anekdote erzählen: Sie erinnern sich sicher an den Skandal, den wir vor einigen Jahren in Amerika hatten: die sogenannte Iran-Contra-Affäre. Zwei der Hauptpersonen damals waren Admiral Pointdexter und Hauptmann Oliver North. Sie haben eine Reihe von strafbaren Dingen getan, und da sie über diese Dinge keine schriftliche Unterlage hinterlassen wollten, haben sie per Computer miteinander kommuniziert. Nachdem einer seine Nachricht zum anderen geschickt hatte, wurde sie sofort „gelöscht". Nun sind Pointdexter und North aber Leute, die nicht sehr viel von Computern verstehen, und so wußten sie nicht, daß mit dem Befehl „Löschen" oder „Delete" die gespeicherte Information nicht wirklich auf der Festplatte gelöscht wird. Man löscht nämlich nur den Zugang zu dieser gespeicherten Information, nicht aber die Information selbst. So konnten später Computerspezialisten die Information wieder rekonstruieren, was natürlich sehr unerfreulich war für die beiden Herren.

Dann gibt es das Märchen, daß Computer nur das tun, was man ihnen sagt. „Computers do only what you tell them to do.“ Das ist ein mehr als gefährlicher Satz.

Was bedeutet es eigentlich, einem Computer etwas zu sagen?

Ja, man muß sich zuerst fragen, was es überhaupt bedeutet, einen Computer etwas zu sagen oder zu befehlen. Und was bedeutet „Computer“? Am Anfang, vor etwa vierzig Jahren bestand ein Computer aus einer großen Anlage, war also räumlich sehr groß. Diese Anlage war vom Rest der Welt isoliert. Es gab keine Modems und Telefonverbindungen zu anderen Computern und Vernetzungen. Diesen Computer hat man damals sicherlich selbst gebaut und selbst bedient. Deshalb konnte man damals tatsächlich sagen, dieser Computer macht, was wir ihm befehlen oder was wir eingebaut haben und sonst nichts anderes. Heute ist das ganz anders. Heute sollte man statt des Begriffs Computer besser den Begriff Rechner verwenden. Die PCs oder Großanlagen, wie sie in der Industrie verwendet werden, unterscheiden sich sehr von dem Computer, wie wir ihn vor vierzig Jahren kannten. Wenn man heute einen PC kauft, nur die sogenannte Hardware, dann ist dieses Gerät bereits vollgestopft mit Programmen, mit einem Betriebssystem. Und nun gilt es gar nicht mehr, daß der Computer genau das tut, was ich ihm sage, denn die mitgelieferte Software, das Betriebssystem wurde ja nicht von mir gestaltet. Genau genommen hat also jemand anders meinem Computer gesagt, was er tun muß. Oder der Computer ist an ein Netzwerk angeschlossen und bekommt seinen – ich werde jetzt das Wort

„input" statt Information benutzen – „input" nicht nur von mir, sondern auch von anderen Teilnehmern im Computer-Netzwerk. Mein Computer, der Computer, den ich benutze, ist in diesem Fall also ein kleiner Teil eines Netzwerks, dem zum größten Teil von anderen Menschen oder sogar anderen Computern befohlen wird, was er zu tun hat. Der Satz, „Computer tun nur, was man ihnen sagt", ist mehr als gefährlich. Man sollte ihn nicht einfach hinnehmen. „Die Autoren eines Systems durchschauen ihr System", heißt es. Nein, eben das stimmt nicht. Und es ist sehr wichtig, das zu erkennen. Ich behaupte, daß der größte Teil der Computersysteme, der großen weltumspannenden Computersysteme, im Militärbereich zum Beispiel, nicht durchschaubar sind. Ich meine damit nicht nur, daß es niemanden mehr gibt, der sie durchschaut, sondern, daß es dafür überhaupt zu spät ist. Sie können jetzt nicht mehr durchschaut werden.

Weil sie so komplex geworden sind?

Ein so komplexes System wie ein Computersystem hat seine Entwicklungsgeschichte. So wie wir Menschen heute das Ergebnis unserer Geschichte sind, so ist ein bestehendes Computersystem das Ergebnis seiner historischen Entwicklung. Und wenn die Geschichte verlorengeht, dann kann man das System nicht mehr verstehen. Stellen wir uns vor, daß ein Computersystem sorgfältig von einer Gruppe von Wissenschaftlern entwickelt wird, die zusammenbleiben. Dann wird die Geschichte dieses Computersystems bewahrt. Aber das ist fast nie der Fall.

Zu den Computermythen gehört sicher auch die Aussage, der Computer sei nur ein Werkzeug und daher wertfrei.

O ja, darüber haben wir ja schon ausführlich gesprochen.

Ich möchte dazu noch eine Geschichte erzählen, die mir passiert ist: Ich wohne ja in Cambridge, ganz in der Nähe der Universität. Ich gehe dort spazieren, und da kommt ein junger Mann auf mich zu. Er erinnert mich daran, daß er vor einigen Jahren in einer Klasse war, in der ich gelehrt habe. Er erzählt mir mit größter Freude und Begeisterung, daß er endlich ein Thema für seine Doktorarbeit gefunden hat. Er fängt gerade damit an. Ich gebe jetzt wieder, was er mir gesagt hat: Stellen Sie sich einen großen Bildschirm vor. Auf diesem Bildschirm sieht man in „living colour", in Farbe natürlich, einen Bär und eine kleine Katze. Vor dem Bildschirm sitzt ein kleines Mädchen, vielleicht acht, neun Jahre alt. Eine wunderschöne Szene. Nun wirft die Katze dem Bär einen Ball zu, und er fängt ihn. Dann rollt der Bär den Ball zurück zu der Katze, und alles wiederholt sich. Sehr süß! Dann soll ich mir vorstellen, daß das kleine Mädchen zu diesem System – jetzt nennen wir es ein System – spricht und sagt: „Lieber Bär, wenn dir jemand etwas gibt, solltest du danke schön sagen." Dann fängt es wieder an, die Katze wirft den Ball zum Bär, der Bär fängt den Ball auf und sagt „thank you, little cat!" So beschreibt er es mir. Das ist seine Arbeit. Jeder, der etwas von Computern versteht, erkennt sofort, daß das außerordentlich schwierige Probleme aufwirft, wirklich interessante und schwierige Probleme. Spracherkenntnis ist dabei, das Mädchen tippt nicht auf irgendeine Taste, sondern sie sagt: „Lieber Bär ..." Und dann handelt es sich um eine nahtlose Veränderung des Systems. Es ist nicht so, daß sich das System abschaltet, und wir morgen ungefähr um dieselbe Zeit sehen werden, ob es gelungen ist. Nein, es passiert sofort. Es ist ungeheuer schwer, das zu schaffen, ungeheuer schwer. Ich konnte sofort erkennen, daß er seinen Doktor verdient hat, wenn er das schafft.

Jetzt wollte ich wissen, ob ich es richtig verstanden habe und fragte, ob ich es ihm noch einmal erzählen dürfte. Natürlich. Ich sagte: O.K., ich sehe einen Pilot in einem Kampfflugzeug. Das System „spricht" zu ihm und sagt: „Sir, da unten sehe ich eine Kolonne von feindlichen Panzern. Was soll ich da machen?" Der Pilot antwortet dem System, auch in natürlicher Sprache: „Wenn du so etwas siehst, dann laß die Raketen los. Du sollst mich nie wieder danach fragen. Also mach es." Das System sagt dann „Yes, Sir" und ist sofort umprogrammiert – genau wie der Bär – und die Raketen gehen los. Das habe ich dem jungen Mann erzählt und ihn gefragt: „Ist es das?" Da meinte er: „Naja, das könnte man so sagen. Ja, das ist dasselbe." Dann habe ich ihn gefragt: „Wer bezahlt für diese Forschung?" Er antwortete: „The Airforce." Wir erzählen einander Mythen und Märchen, und ich meine nicht nur da draußen in der großen Welt, ich meine auch in der Universität. Wir erzählen einander Mythen und Märchen und glauben, daß wir damit unsere Unschuld bewahren.

Wer hat diese Computermythen erfunden?

Es kann sein, daß am Anfang der Computerentwicklung viele dieser Sätze – nicht alle, aber viele – stimmten. Jedenfalls waren es Träume, und wir dachten vielleicht, wenn die Computer besser werden, wer weiß, größer, schneller, mehr Speicherkapazität haben, dann werden diese Sachen stimmen. Und natürlich ist da die Werbeindustrie, ganz besonders im Computerbereich, die alles Mögliche und – vielleicht soll ich sagen – alles Unmögliche sehr stolz präsentiert. „Und wenn das der Computer, mit dem Sie diesmal beschäftigt sind, noch nicht kann, wird es der nächste können. In der nahen Zukunft wird es so sein." Es ist interessant, einer meiner Studenten hat sich die Computerreklame angesehen, etwa einen Zeitraum von zwanzig Jahren, mehr oder weniger von Anfang an. Es gibt kaum einen Unterschied zwischen dem Anfang und dem heutigen Stand der Reklame. Das, was damals versprochen wurde für morgen oder höchstens übermorgen, wird immer noch versprochen. Und es ist immer noch nicht da, muß ich sagen.

Damit das funktioniert, muß die Bereitschaft da sein, diese Dinge zu glauben.

Natürlich, und jetzt komme ich zu Ihrer ersten Frage zurück: Wieviel muß man wissen, um die Skepsis einzusetzen? Leute mit viel Erfahrung, die sehr viel wissen, die zum Beispiel schon selbst einen Computer in ihrem Geschäft oder zu Hause oder irgendwo benutzt haben, wissen, daß viele dieser Versprechungen nicht wahr sind, und sie sind deshalb sehr skeptisch. Für diese Leute ist es nicht notwendig, sich daran zu erinnern, skeptisch zu sein. Nein, das kommt ganz automatisch. Wenn man sehr viele Enttäuschungen erlebt hat, dann wird man skeptisch. Die anderen, die eben keine oder sehr wenig Erfahrung haben, die werden dann enttäuscht werden, wenn sie sich einen PC kaufen oder irgendwie mit dem Computer in engeren Kontakt kommen. Diese Enttäuschung können sie sich sparen, wenn sie von vornherein skeptisch sind. Wir sprechen gerade über den Computer und die Skepsis gegenüber dem Computer. Das ist eine ziemlich einfache Sache. Ich glaube, Skepsis ist gegenüber allen Ideen notwendig. Skepsis ist nicht Nicht-Glauben oder Alles-Verneinen.

Nicht Ablehnung.

Nicht Ablehnung, das überhaupt nicht. Ich glaube, daß man zum Beispiel nicht tief religiös sein kann, ohne auch Zweifel zu haben. Auch im Bereich von Glauben, Religion, Ideologie spielt Skepsis eine sehr große Rolle. Vielleicht als Hintergrund. Was ich meine, ist: wenn alles blau ist, dann hat die Farbe die Bedeutung verloren. Da muß etwa anderes sein als Kontrast. Es ist nicht so einfach, aber ich denke, wenn man die Skepsis absetzt, wird der Glaube trivialisiert.

SKEPSIS UND ARBEIT

Vielleicht auch deshalb, weil erst die Skepsis dazu führt, daß ich selber eine Sache für mich hinterfrage und damit auch anfange an der Sache zu arbeiten.

Genau. Wenn man nicht hinterfragt, dann arbeitet man nicht. Ich erinnere mich, Einstein hat mal gesagt: „Wenn es nicht juckt, kratzen wir nicht." Ganz einfach. Schön, so ein einfacher Satz.

Skepsis schließt Neugier nicht aus?

Überhaupt nicht. Im Gegenteil, das haben wir ja eben gesagt. Wenn die Sache überhaupt einen Wert hat für den, der sie hört, wenn sie nicht total uninteressant ist, dann erzeugt Skepsis, wie Sie selbst gesagt haben, Arbeit. Jetzt fängt man an, daran zu arbeiten. Man könnte das auch anders sagen, nämlich, daß Skepsis unter anderem die Neugier erweckt oder auffrischt.

Dann hat Skepsis nichts mit Pessimismus zu tun?

Nein, überhaupt nicht. Pessimismus hat mit Wahrscheinlichkeit zu tun. Die Begriffe Optimismus – Pessimismus gehören nicht in dieses Gespräch, haben mit dieser Sache überhaupt nichts zu tun.

Insofern doch, als Skepsis vielleicht aus einer pessimistischen Haltung erwachsen kann.

Ich glaube, Skepsis ist im Alltag eine sehr gute Haltung. Wenn einem jemand etwas Schönes verspricht, für das man überhaupt nicht zahlen muß, zum Beispiel mit Arbeit oder irgendwie, dann scheint es mir offensichtlich, daß man skeptisch sein sollte. Ich denke jetzt an die Politik: Die Ideologen, die aus dem Mauerwerk herauskriechen, ob sie jetzt neorechts sind oder was auch immer, und die eine einfache Lösung für alle Probleme der Welt haben. Muß man das überhaupt sagen, daß es dringend notwendig ist, darauf skeptisch zu reagieren?

Ich glaube, man muß es sagen.

Es ist schade, aber es ist offensichtlich, daß man es muß! Man könnte fragen, wie oft muß ein Volk oder eine Bevölkerung oder eine Gruppe in dieser Welt denn reingelegt werden, bevor das verstanden wird? Immer wieder kommt jemand mit einer ganz einfachen Lösung, vielleicht mit einer Parole, „Deutschland für die Deutschen" zum Beispiel, und wenn das von der Bevölkerung nicht skeptisch aufgenommen wird, kann es sehr gefährlich werden.

Das knüpft ja eigentlich an das an, was wir schon besprochen haben in bezug auf die Wiedervereinigung, wo ja auch suggeriert wurde, daß die Vereinigung möglich ist, ohne daß es den einzelnen viel kostet.

Ja, und das hätte mit viel mehr Skepsis aufgenommen werden sollen. Davon war zu wenig da. Die Politiker sind ja Spezialisten in dieser Sache. Und ganz besonders heute, wo die „messages", die Botschaften, die die Politiker aussenden wollen, ganz kurz sein müssen wegen des Fernsehens. Es ist erstaunlich: das Fernsehen scheint keine Zeit zu haben. Tatsächlich hat das Fernsehen nichts anderes als Zeit. Jedenfalls wird alles vereinfacht. Vielleicht kommt das daher, weil das Fernsehen die Möglichkeit, man könnte fast sagen, die Eigenschaft hat, daß alle es sehen können. In Amerika zum Beispiel ist es so, daß die Wohlfahrt, die arme Leute unterstützt, eine kleine Liste von dem zusammengestellt hat, was in einem Haushalt notwendig ist, und ein Fernseher ist ein Teil davon. Er ist notwendig, kein Luxus, man braucht ihn. Es muß nicht das neueste Modell sein, es muß nicht Farbe sein, aber es muß da sein! Mit dem Fernsehen kann eine Riesenmenge von Menschen angesprochen werden, und deswegen, gerade deswegen muß jedes Argument sehr, sehr vereinfacht und sehr gekürzt werden. Wir haben in Amerika jetzt den Begriff „soundbyte" für ein ganz kurzes Statement, das man immer wieder hören kann. Es ist ein Spiel mit „byte" und „bite": nicht nur, daß man beißt, sondern es ist zugleich der Begriff aus dem Computerbereich: „byte". Das ist eine ganz kleine Einheit ...

Und es hat einen Biß.

... von wenigen „bits". Wenn wir uns den amerikanischen Wahlkampf ansehen, den letzten Präsidentschaftswahlkampf, den vorletzten und den davor, wer weiß, wie weit zurück, dann werden wir sehen, daß es ein wirklich ausgearbeitetes Argument gar nicht mehr gibt. Es ist alles „soundbyte". Es gibt kaum oder fast überhaupt keinen Sender, der es einem Kandidaten erlaubt, ein genaues intellektuelles

Statement zu machen, „a rigorous statement", das vielleicht nicht für alle bestimmt ist. In diesem Fall, würde ich sagen, muß die Skepsis fast absolut sein. In den meisten Fällen würde ich raten, wenn etwas Schönes prophezeit wird, zum Beispiel wie schön es morgen sein wird mit dem Computer, sollte man die Haltung haben: „Ja, das kann sein, ich werde mal sehen, ich muß darüber nachdenken." Aber in der Politik sollte man gleich anfangen mit: „Also sicherlich stimmt das nicht, aber vielleicht ..." Dann denkt man darüber nach, in welchem Sinn es stimmen könnte.

OPTIMISMUS ALS ATTITÜDE

Allgemein gilt ja eine optimistische „zukunftsorientierte Haltung" als positiv. Und eine Haltung, die zögernder, wartender, letztlich auch bewahrender oder „gegenwartsbewußter" ist, wird eher abfällig betrachtet. Ich frage mich, ob der Optimismus nicht zur Attitüde geworden ist, und damit gefährlich.

Besonders, wenn der Optimismus auf schwachen Füßen ruht. Das kurze Statement des Politikers, das so aufgenommen wird, als ob es die Wahrheit repräsentiert, ist eben ein sehr schwacher Grund, auf dem man Optimismus aufbauen kann. Ich denke wieder einmal an die amerikanische Situation. Man braucht sich nur an die Zeit zu erinnern, in der Ronald Reagan Präsident war, an diese acht Jahre. Jeder, ob in Europa oder Asien oder Nordamerika oder Südamerika, kann sich bestimmt daran erinnern, daß man mindestens einmal in der Woche ein Bild von Ronald Reagan in der Zeitung sah, und er hat immer gelacht. Nicht nur gelächelt, sondern gelacht! Die berühmten Bilder ... Der Optimismus, den er ausstrahlte, war ja ungeheuer. Und er hatte auch Folgen. Er war in einem gewissen Sinn ansteckend. Es ist ganz klar, daß die amerikanische Bevölkerung das mit dem größten Vergnügen aufgefressen hat. Das sehen wir an der Wiederwahl, daran, wie oft Reagan wiedergewählt wurde. In der Zwischenzeit ist die Wirtschaft kaputt gegangen. Das Ganze war sozusagen auf einer Kreditkarte gegründet, und das ist zu schwach. Das geht nicht. Das ist nicht realistisch. Es ist ein Paradebeispiel dafür, daß Optimismus auf Grundlagen aufgebaut ist, die einfach falsch sind. Und jetzt müssen wir in Amerika und überhaupt in großen Teilen der Welt dafür zahlen. Ich glaube, eine viel größere Skepsis von Anfang an würde uns und der Welt sehr viel erspart haben. Oder der Optimismus, daß die Gefahr des russischen Bären oder des internationalen Kommunismus beseitigt werden könne mit einem ungeheuren riesigen Aufbau des Militärs im Westen. Es stellt sich nun heraus, daß der internationale Kommunismus in einem gewissen Sinn zerbrochen, also „collapsed", zusammengebrochen ist. Man könnte jetzt sagen, und es wird auch in Amerika gesagt, „siehst du, es war und ist also doch eine gute Strategie, daß wir Milliarden und Milliarden und Milliarden ausgeben für unser Militär, so daß die Russen nicht mehr mithalten können und ihre Wirtschaft zusammenbricht wegen ihrer militärischen Ausgaben." Aber das, was wir jetzt erleben und erleben werden in der Weltwirtschaft, sollte uns klarmachen, daß es eben grundsätzlich falsch war.

Diese Haltung, dem Optimismus ohne Skepsis gegenüberzustehen und das zu glauben, was man glauben will, ist der Anfang von Verdrängung.

Ja, die dunklen Seiten der Sache werden verdrängt, ganz einfach. Ja.

Da sind wir wieder bei dem „Nicht-Sehen-Wollen". Sogar: wenn man es sieht, sagt man, es sei nicht so schlimm.

„Selective perception". Jede Statistik, die zeigt, daß es der amerikanischen Wirtschaft unter Reagan besser geht, wird sofort aufgefressen, und die vielen Statistiken, die das Gegenteil zeigen, werden verdrängt. Es stimmt, das ist eine Verdrängung! Ich glaube, es ist wichtig, zu sagen, daß das nicht nur in der internationalen Politik oder in der nationalen Politik vorkommt, sondern im Leben selbst. Es gibt Menschenleben und vielleicht auch schöne Menschenleben, die ganz und gar auf Mythen aufgebaut sind. Da würde ich sagen, ja, die hatten Glück, daß die Realität nicht eingegriffen hat.

Aber eine gewisse Form von Selektion in der Wahrnehmung ist doch notwendig, um noch irgendwie handlungsfähig zu bleiben.

Ja, natürlich.

Nur frage ich mich manchmal, ab wann ich mich abschließen muß, wo die Grenze dafür ist. Denn wenn ich alles auf mich einstürmen lasse, werde ich gar nichts mehr tun können.

Ja, dann ist man paralysiert. Das ist ja sowieso eine Eigenschaft des Lebens, ob wir jetzt von einer Ameise sprechen oder von einem Menschen oder sogar von einer Gesellschaft. Alles ist viel zuviel! Unter anderem, weil alles von allem anderen abhängt! Natürlich muß man seine Aufmerksamkeit beschränken, sogar nur auf eine kleine Zahl der Wahrheiten, die sozusagen um einen herumliegen. Das muß man, natürlich.

Und das ist schwer.

Da man es muß, würde ich sagen, ist es nicht schwer. Ein Baby macht es auch, jeder kann es machen. Ich nehme an, Tiere machen es auch. Was schwer ist, ist die – wie soll ich es nennen? – die Optimum-Selektion zu machen. Was dieses Optimum ist, hat natürlich mit Zweck zu tun. Warum mache ich das? Und schließlich – und ich glaube wirklich, daß das eine tiefe Einsicht ist – hat es mit der Wahrnehmung des Zwecks des eigenen Lebens zu tun. Es ist überhaupt nicht trivial. Man kann es verdrängen – ich weiß nicht, ob das hier das richtige Wort ist. Man kann es, und vielleicht machen das die meisten Leute, man kann es immer wieder in den Hintergrund schieben. Ich meine, jede Frage nach dem Zweck oder Sinn des Lebens. Warum mache ich das? Warum will ich das? Wo will ich hin? Diese Fragen können immer wieder verschoben werden. „Jetzt kann ich mich doch nicht darum kümmern, ich bin gerade auf dem Weg ins Kino." Oder: „Jetzt bin ich im Gespräch mit jemandem, da kann ich das nicht." Also, die normalen Methoden, die jeder kennt ... Dann wird die Wahrnehmung aus Zufällen gestaltet und durch die Argumente, die andere einem anbieten, nicht durch das, was man sich selbst gewählt hat. Ich glaube, darin steckt vieles, was erklärt, wie eine ganze Bevölkerung einer riesigen Geisteskrankheit zum Opfer fiel.

Als kollektives Phänomen?

Ja, als kollektives Phänomen. Es ist doch bekannt, daß Menschen, die wirklich nach einem eigenen, selbstgewählten Ziel leben, ob mir nun das Ziel gefällt oder nicht, in größerer Ruhe leben und vielleicht mit mehr Genuß als Menschen, die einfach von einem Tag zum anderen leben. Ich muß dazu sagen, in einem gewissen Sinn spreche ich von einem Luxus. Man muß an dieser Stelle Brecht zitieren: „Erst kommt das Fressen, und dann kommt die Moral." Es gibt Millionen und Millionen von Menschen auf dieser Erde, die sich das nicht leisten können, also, die erst einmal etwas zu essen bekommen müssen und die für sich und ihre Kinder danach suchen, nicht erst nächste Woche oder nächstes Jahr, sondern heute, in der nächsten Stunde. Da kann man wirklich nicht verlangen, daß sie sich jetzt um ein Lebensziel kümmern, in dem Sinn, in dem ich es hier meine.

BILDUNG UND UNMENSCHLICHKEIT

Als ich einmal Joseph Brodsky bat, seinen Begriff „enlightened democracy" zu erklären, sagte er, eine erleuchtete Demokratie könnte es dann geben, wenn jedes Mitglied einer Gesellschaft Proust, Rilke, also, die großen Dichter lesen würde. Brodskys Hauptforderung ist, daß deren Werke in billigen Taschenbuchausgaben im Supermarkt erhältlich sein sollen. Diese Aussage bedeutet ja auch die Auffassung, durch mehr Bildung, durch mehr kulturelle, literarische Bildung würde der Mensch besser werden.

Das kann sein, aber ich glaube, es ist wichtig zu betonen, daß Brodsky diese Literatur im Supermarkt haben möchte. Das bedeutet, daß es Supermärkte gibt, daß Leute da einkaufen können! Und letzten Endes bedeutet es, daß „das Fressen" für diese Leute nicht das einzige Problem ist, im Sinne Brechts. Also, erst kommt das Fressen, und dann kommen Rilke und Proust. Ich denke jetzt an mein eigenes Leben: In einem gewissen Sinn, und überhaupt nicht in einem trivialen Sinn, habe ich nie schwer arbeiten müssen. Fast mein ganzes Leben lang hat mich die Gesellschaft sozusagen unterstützt, damit ich denken kann. Und dafür muß in einer Gesellschaft ein gewisser „surplus“ sein, ein Überschuß. Das hat Marx übrigens auch gewußt. Es muß etwas übrig sein, damit auch die, die keine Kartoffeln pflanzen, zu essen bekommen. Jemand anders muß mehr produzieren, mehr tun, um mir das zu ermöglichen. Die meisten Menschen der Welt leben in Gesellschaften, in denen das nicht möglich ist, in denen das jedenfalls im Moment nicht existiert. Es kann sein, daß dort dieser Überschuß für Waffen und Helicopter und solche Dinge ausgegeben wird, die sehr teuer sind. Außerdem muß man auch die Soldaten ernähren, genau wie die Geistesarbeiter. Das sehen wir ja sehr klar in unserer Welt. Es wäre schön, wenn Ausbildung, besonders die Ausbildung, die mir gut erscheint, also Rilke zu lesen und Chopin zu hören, das alles verbessern würde. Das ist sogar der amerikanische Traum, daß „universal education“ alles verbessern, alles gutmachen wird. Ich werde ein bißchen übertreiben: Wenn jeder Abitur hat, dann ist es eine bessere Gesellschaft. Ich glaube das nicht. Jedenfalls nicht notwendigerweise, es ist bestimmt nicht das allein. Es kann sein, daß Brodsky, wenn er hier wäre, sagen würde: „Ich wollte ja unter anderem sagen, es würde besser sein, wenn jeder Mensch selbstverständlich Zugang zu einem Supermarkt hätte und dann in dem Supermarkt auch gute Literatur vorfinden würde, eben weil die Gesellschaft viel Wert darauf legt.“

Aber es ist doch überhaupt die Frage, ob ein Mehr an Bildung tatsächlich auch ein Mehr an Moral, ein Mehr an Verantwortungsbewußtsein mit sich bringt.

Ach, das ist doch … Da haben wir doch einen deutlichen Gegenbeweis, ein deutliches Gegenbeispiel. Wenn wir an die zwölf Hitlerjahre denken, besonders an die letzten mit Konzentrationslagern, Vernichtungslagern und all dem, wenn wir daran denken und fragen: Wer hat das alles gemacht, und ganz besonders, wer hat es geleitet? Das waren doch Leute, die studiert haben, vielleicht promoviert waren, Leute, die ganz bestimmt Abitur hatten. Sie waren in den – wie wir dachten – besten Universitäten der Welt ausgebildet, in Heidelberg und in Frankfurt. Das ist doch das absolute Schwarzweiß-Gegenbeispiel, das zeigt doch ganz deutlich, daß Bildung alleine den Menschen nicht weiterbringt!

Ich habe einmal in der schönen Aula der Johann-Wolfgang-von-Goethe-Universität in Frankfurt gesprochen. Das ist eine wirklich schöne Aula, nach dem Krieg wahrscheinlich wiederaufgebaut, wie sie vorher war. Es war mir bewußt, daß ich in einer Aula spreche, in der auch Doktor Mengele – ich betone das „Doktor" in diesem Fall – gesprochen hat.

Wir sprechen doch über Skepsis. Dieser Satz, daß mehr Bildung zu einer besseren Gesellschaft führt, verlangt sehr, sehr viel Skepsis. Ich glaube, er ist einfach nicht wahr. Es ist aber interessant – jetzt kommen wir vielleicht zurück zu den Computermythen – er ist so leicht runterzuschlucken, der Satz, er scheint so wahr zu sein, wenn man ihn zum ersten Mal so hört. Aber dann sollte man weiterfragen: Was bedeutet Ausbildung? Wer bildet wen aus? Wenn wir über Europa nachdenken, sagen wir, in der Zeit von vor fünfhundert Jahren bis vor dreihundert Jahren, über diese zwei Jahrhunderte und die Brutalität dieser Zeit … Ich denke an die Inquisition. Das haben gebildete Menschen getan. Und nur gebildete Menschen! Niemand anders hatte Zugang zu dieser Maschinerie. Und im zwanzigsten Jahrhundert? Nein, Bildung allein ist es nicht! Vielleicht ist sie sogar eher gefährlich. Man muß fragen: Wer bildet wen aus? Das Wort „Wert", so wie es heute herumgeschmissen wird, sollte ausgestrichen werden aus dem Vokabular. Es wird sehr viel von Werten gesprochen. Ja, mit welchen Werten wird gelehrt und gelernt? Man sieht Völker, die kaum ausgebildet sind und die vielleicht glücklicher leben, die vielleicht moralischer leben als wir im Abendland.

Menschlicher.

Ganz bestimmt menschlicher leben, als es das Leben in New York ist.

Bildung führt also nicht notwendigerweise ...

Nicht notwendigerweise!

... zu einem Mehr an Menschlichkeit.

Bildung mit Menschlichkeit oder Bildung für Menschlichkeit ist etwas anderes. Etwas, was schon eine gewisse Menschlichkeit voraussetzt, ganz besonders für die, die die Bildung vermitteln, also, die Lehrerinnen und Lehrer – ja, das ist etwas anderes. Das trägt unter anderem die Frucht, daß die Werte dieser Gesellschaft dann zur nächsten Generation weitergegeben werden. Aber auch da muß man sagen, es gibt Völker, die Tausende von Jahren gelebt haben und ihre Werte immer von einer Generation zur anderen übertragen haben, ohne daß sie eine Schriftsprache hatten. Die Aborigines sind ein Beispiel. Sie haben erst in der letzten Zeit, in den letzten fünfzig, sechzig Jahren angefangen, Schrift anzunehmen.

Ich glaube, bei vielen Indianern ist es auch so. Sie haben keine Schrift.

Wir müssen natürlich vorsichtig sein. Da würde ich sagen: also bitte, ein bißchen Skepsis! Es ist so sehr leicht, solche Völker zu idealisieren. Vielleicht ist es so, wie wir eine Ehe betrachten: Wir sehen ein Ehepaar, das scheint so glücklich zu sein, und wir wissen, daß sie nie miteinander streiten. Sie nennen einander immer „Schatzi", „Liebling", und wenn wir erfahren, daß er sie ermordet hat oder umgekehrt oder daß sie sich auf einmal scheiden lassen, sind wir völlig überrascht und schockiert. Denn wir hatten den Eindruck, daß wir alles wissen, daß wir die Ehe kennen. Aber was wir kannten, war nur die Oberfläche, die auch ganz realistisch hätte sein können. Es ist doch ganz klar, die Idealisierung der „Primitiven", wie der amerikanischen Indianer und der Aborigines in Australien, ist auch nicht realistisch. Natürlich nicht. Da müssen wir vorsichtig sein. Auch das ist ein Beispiel, wo Skepsis verlangt wird: Es wird etwas Schönes gesagt. Wir hätten gerne, daß es wahr wäre, aber wir dürfen es nicht so glatt hinnehmen. Sie sind auch Menschen, und das bedeutet, sie haben menschliche Schwierigkeiten. Das bedeutet – ich glaube, das ist universal – daß Menschen lieben und hassen können, vielleicht sogar müssen, daß sie diese Erfahrungen haben müssen. Und jetzt denke ich wieder einmal an Bertolt Brecht. Er war wirklich ein „city boy", ein Stadtjunge, der immer ein Hemd und Schuhe getragen hat, und trotzdem gilt das, was er sagt, also, „erst kommt das Fressen, dann kommt die Moral" auch für diese Menschen, ich meine, für die Indianer etc. Es ist interessant: Hier ist ein Mann, der hat – ich weiß nicht, wieviele von uns das in ihrem ganzen Leben einmal machen – wirklich einen universalen Satz ausgesprochen, der für alle Menschen gilt. Er gilt für alle Menschen. Es ist eine tiefe Einsicht, würde ich sagen.

Und doch fällt mir gerade ein, daß Niels Bohr einmal gesagt hat, die sehr tiefe Wahrheit habe die Eigenschaft, daß ihr Gegensatz auch wahr sei. Das kommt von der Quantenmechanik her. Aber er hat das ganz allgemein gesagt, nicht nur auf die Quantenmechanik bezogen. Er hat es einfach so gesagt, wie ich es eben gesagt habe. In diesem Moment weiß ich nicht, was der Gegensatz ist zu: „Erst kommt das Fressen, und dann kommt die Moral." Vielleicht ist der Gegensatz – ich spiele jetzt damit – „Erst kommt die Moral, dann kommt das Fressen." Es muß doch auch in einem gewissen Sinn wahr sein, daß Menschen oder Tiere, die ohne irgendein Ritual einfach alles auffressen, bald nichts mehr zu essen haben. Ich muß sagen, ich weiß es nicht, aber es ist eine Idee, mit der man spielen sollte.

Diese Erfahrung kenne ich sehr gut: wenn ich eine Sache genau ausarbeite und ausformuliere, geht mir manchmal durch den Kopf, daß ich jetzt auch das Gegenteil sagen könnte.

Und beides könnte tief wahr sein.

Und nebeneinanderstehen.

Beides könnte wahr sein.

Also, kein Entweder-oder.

Das ist so, das ist so. Die Welt ist eben nicht – so – einfach.

Ich möchte den Gedanken der „falschen" Idealisierungen noch einmal aufgreifen. Oft idealisiert man ja Naturvölker nicht, weil man sie so sehr schätzt, sondern weil es bequem ist. Genauso ist es ja mit den Versprechungen, denen man so gerne folgt. Man meint, ein Volk zu sehen, das anders zusammenlebt, menschlicher zusammenlebt, und das macht einem Mut, daß so etwas möglich ist. Bis dahin ist die Wirkung ja positiv. Aber indem ich das jetzt direkt auf mich übertrage, wie es so oft in der New-Age-Bewegung getan wird, und mit meinem „wissenschaftlichen" oder „rationalen" Denken vermische, stimmt es ja nicht mehr.

Warum nicht? Ich denke an ein Beispiel: Gute Menschen, die nur das Beste wollen, „middleclass"-Leute, entscheiden, daß es die Gier und der Konsum sind, die das Leben so verderben. Sie entscheiden sich – vielleicht nicht ganz so einfach, wie ich das hier sage, aber nach langem Denken und Lesen – von jetzt ab in Armut zu leben. Armut als ein Lebensstil. Sehr wenige schaffen das. Warum schaffen es nur so wenige? Warum klappt das so oft nicht? Weil Armut alleine, so wie irgend etwas anderes Isoliertes, keine Lösung schafft. Sie muß mit vielen anderen Eigenschaften verbunden sein. Man macht es sich einfach zu leicht. Es stellt sich heraus, daß man sich, um diese Armut sozusagen zu genießen und um danach leben zu können, erst einmal gründlich verändern muß. Das bedeutet auch, sich selbst tief zu kennen. Und das ist nicht einfach, das ist nicht leicht. Der Glaube an Künstliche Intelligenz zum Beispiel, oder ein tiefer Glaube an den Sozialismus oder sich einfach – ich betone das „einfach" – Christus hinzugeben, das geht nicht, das ist viel zu leicht. Es ist viel zu leicht. Man denkt, mit einer Stufe hat man es geschafft. Man bleibt derselbe Mensch, nur daß man eben diese Stufe gegangen ist. Das genügt einfach nicht! Und wenn man sich so verwandeln kann, wenn man sich so innerlich heilen kann, daß es möglich ist, in Armut zu leben, dann hat man ja schon fast das Ganze geschafft. Das, was am Anfang aussah wie die große Stufe, wird dann ...

Wird dann fast überflüssig.

Ja, eine ganz kleine Stufe. Die kommt vielleicht von selbst zu mir, da brauche ich gar nichts zu entscheiden. Ich werde eben so. Hier ist der Gegensatz „being" und „doing", SEIN und TUN. Es gibt ein Spiel, ein Zusammenspiel von SEIN und TUN. Was ich eben versucht habe zu sagen, ist, daß TUN alleine keine Lösung ist.

Wie wirkt denn das gegenseitig aufeinander? Indem ich etwas tue, wirkt sich das natürlich auf mein Sein aus. Umgekehrt, wenn ich soundso bin, dann tue ich etwas anderes.

Auf Englisch könnte man sagen: „doing with a capital D". Also, es ist nicht nur „doing", es ist nicht nur TUN, es ist wichtig, daß das Tun von einem selbst kommt, nicht einfach ein „formula", eine Formel ist. Ich kenne Leute, die sich auf Scientology gestürzt haben oder auf Astrologie oder auf irgendeine Form von Spiritualismus oder sogar auch auf die Psychologie – ich meine jetzt nicht besonders irgendeine Dummheit oder eine Lüge, nein, überhaupt nicht – und die wirklich glauben oder jedenfalls glaubten, daß diese eine Stufe, diese große massive Stufe, mit der man am Anfang sein Leben anscheinend ganz verändert, wirklich schon ausreicht. Es ist so, wie sein Spielzeug loszuwerden. Kinder machen das. Ich erinnere mich daran, daß ich das gemacht habe. Es kam eine Zeit, da habe ich alle meine Schätze weggegeben. Ich erinnere mich noch an einen großen Ball aufgewickelter Schnur, die ich gesammelt hatte. Den habe ich weggegeben, und es ist sicherlich eine Entscheidung gewesen, daß ich jetzt anders und besser leben werde! Besser leben, innerlich besser! Ja, es ist einfach. Aber das Einfache genügt nicht, dabei ist es unter anderem so verlockend, weil es doch wehtut. Man denkt, wenn es wehtut, muß es doch gut sein.

Diese Betrachtungsweise „erhöht" ja den Menschen. Sie wertet ihn auf. Der Mensch wird als ein sehr entscheidungsfähiges, über sich selbst bestimmendes Wesen angesehen. Das bringt natürlich auch eine große Verantwortung mit sich. Wie wird man damit fertig? Es macht doch sehr einsam, zu wissen: Letztlich ist es immer meine Entscheidung.

Ich muß sagen, ich weiß nicht, warum Sie gerade mich fragen. Warum sollte ich das besser wissen als irgend jemand anders? Ich habe gerade – fast im psychoanalytischen Sinne – eine Assoziation, und ich muß sagen – ganz nebenbei – daß ich schon vor langer Zeit gelernt habe, meinem Unbewußten zu vertrauen. Wenn mir auf diese Weise etwas einfällt, dann hat es sicherlich etwas mit der Sache zu tun. Die Erinnerung, die eben zu mir gekommen ist, ist folgende: Ich war in einem kleinen Segelboot in Maine, ganz alleine, und bin aus dem Hafen herausgesegelt. Ich bin aufs Meer hinausgesegelt, auf den Atlantik, und da war das Wasser eben nicht so ruhig, wie es im Hafen war, und der Wind war auch stärker. Dann habe ich das Boot gewendet, wieder Richtung Hafen. Das war nicht leicht. Der Wind war so stark, daß ich nicht einfach gerade in den Hafen hineinsegeln konnte, ich mußte – auf Englisch nennt man das „tack" – am Wind kreuzen. Jedenfalls war es nicht so einfach, das muß ich sagen, und es hat auch lange gedauert, viel länger als ich erwartet hatte. Da wurde mir auf einmal bewußt, daß ich mich in einer Lage befand, in der nur ich für mich selbst verantwortlich war. Es war so, daß niemand mir helfen konnte. Es spielte gar keine Rolle, ob ich irgendeinen Reichtum besaß oder nicht, ich meine auch einen intellektuellen Reichtum, also, ob ich studiert hatte und ob Leute mich mochten oder nicht – nichts, nichts! Ich war jetzt auf einmal ganz auf mich selbst gestellt. In unserer Gesellschaft haben wir vielleicht selten die Gelegenheit, alleine zu segeln, vor allem draußen auf dem Meer. Wir leben ja in unserer Gesellschaft fast ausschließlich in einem Hafen oder mal in einem, mal in einem anderen Hafen, in dem viele für uns sorgen. Wir haben selten die Gelegenheit oder wir sind selten aufgefordert, wirklich etwas für uns selbst zu entscheiden. In unserer Konsumgesellschaft ist es zum Beispiel die Reklame, die uns sagt, was wir machen sollen. Bei einem gewissen Grad von Wohlstand können wir ziemlich faul, ich meine ganz besonders intellektuell faul oder spirituell faul, leben. Das wird anders in einer Not. Es wird oft gesagt, daß viele Menschen während der großen Wirtschaftskrise in Amerika, also im Jahre 1932, ein viel intensiveres Innenleben gelebt haben als vorher. Sicher gibt es auch Beispiele für andere Länder. Vielleicht sehen wir das auch in den ehemaligen sogenannten sozialistischen Ländern. Ich sage „sogenannte", weil ich nicht glaube, daß der reale Sozialismus tatsächlich Sozialismus war, aber das ist eine ganz andere Sache. Dort haben viele Menschen gelebt, und ihr ganzes Leben lang hat der Staat immer alles gesichert. Es war klar, daß man zum Beispiel immer einen Job hat. Da aber nichts von Menschen verlangt wurde, haben sie auch nichts entwickelt und haben ein leeres Leben gelebt. Empty life. Ich muß sagen, wir glauben das zu sehen.

Um auf unsere Gesellschaft zurückzukommen: Es ist

eben nicht der Fall in unserer Gesellschaft, daß jeder für sich selbst entscheiden muß. Dieses „Muß" ist oder war zum großen Teil weg, jedenfalls in der weißen Mittelklasse in Amerika. Alles wurde so sehr leicht gemacht – da brauchen wir uns gar nicht die Sowjetunion anzusehen. Die Kinder sind einfach hineingefallen in eine Welt, in der es überhaupt keine Not gab, ich meine keine materielle Not. Sie wurden auch niemals aufgefordert, auch nicht beim Erwachsenwerden, für sich selbst zu entscheiden, wer sie sind, was der Sinn ihres Lebens ist. Alles ist da. Sie machen Abitur, Daddy kauft ihnen vielleicht ein Auto, dann gehen sie aufs College, wo man viel herumspielt mit anderen Menschen, tanzen, ausgehen, Sex usw. Und schließlich werden sie Zahnärzte oder Buchhalter oder Ingenieure oder was auch immer, aber alles wurde ihnen vorgegeben. Es gab einfach keinen Moment, wo sie aus irgendeiner Not – jetzt meine ich nicht besonders materielle Not, sondern irgendeine Not – entscheiden mußten: Wer bin ich, was will ich, warum bin ich hier? Also: „What difference does it make?" Wem macht es irgend etwas aus, was ich tue? Es ist bedeutungslos. Ich glaube, das ist in Amerika zum sehr, sehr großen Teil der Fall.

Hier auch.

Das glaube ich, daß es hier auch so ist. Und wenn es jetzt doch passiert, daß jemand tatsächlich dazu kommt, sich irgendwie entscheiden zu müssen, wer er oder sie ist, dann kann es leicht sein, daß er oder sie sehr alleine ist, besonders in den ersten Phasen dieses Entscheidungsprozesses. Es gibt verschiedene Dinge in unserer Welt – wenige Dinge – die wir nur alleine tun können, zum Beispiel schreiben. Zwar gibt es Teams, die etwas schreiben, aber das meine ich nicht. Wenn man einen Brief schreibt, dann setzt man sich hin, und für eine gewisse Zeit, lange oder nicht lange, ist man ganz allein. Auch für eine Postkarte. Und dieser Entscheidungsprozeß, und vielleicht auch, was daraus folgt, ist notwendigerweise eine isolierende Arbeit. Von einem gewissen Punkt an kann es natürlich ganz anders sein. Vielleicht wächst dann sogar die Fähigkeit, sich Menschen anzuschließen. Darin steckt übrigens auch eine Falle, nämlich, daß man sich der Menschheit anschließt, aber keinem Menschen. Vielleicht ist es deswegen so sehr, sehr schwierig, mit einem Heiligen zu leben. Ich meine jetzt nicht einen, der von der Kirche zum Heiligen ernannt wurde, sondern jemand, der in einem gewissen Sinn heilig ist. Es ist sehr, sehr schwer, mit so einem Menschen zu leben. Er liebt die ganze Menschheit und kann keinen einzelnen Menschen auswählen, dem er nähersteht als irgendeinem anderen Menschen. Habe ich mir das ausgedacht oder habe ich das irgendwo gelesen, ich weiß es nicht mehr: eine ganz kompakte Definition des totalen Staates, des Totalitarismus. Es ist eben die Form eines Staates oder einer Gesellschaft, in der jeder Mensch jedem Menschen in dieser Gesellschaft genauso nahesteht wie irgendeinem anderen Menschen. „Equal distance between all people." Das macht natürlich Liebe und Kooperation einfach unmöglich. Ich stehe keinem Menschen näher als irgendeinem anderen Menschen. Das Bild, das ich bei diesem Nahestehen sehe, ist ein vieldimensionaler Raum, in dem man die Entfernung von einem Menschen zum anderen an vielen Dimensionen mißt, nicht nur die geographische Entfernung, sondern alle möglichen Formen der Nähe. Wenn da niemand ist, der mir nähersteht als irgend jemand anders, bedeutet das natürlich, daß ich keinen Geliebten habe. Und wenn ich überhaupt Kinder habe, daß ich ihnen auch nicht näher bin als irgendeinem anderen Kind oder irgendeinem anderen Menschen. Ich glaube, einerseits ist das eine Definition des Totalitarismus, aber auf der anderen Seite definiert oder charakterisiert es in gewisser Hinsicht auch den Heiligen. Vielleicht ist es deswegen so sehr schwer, mit so einem Menschen zu leben. Man kann ihm nicht nahekommen.

Es hat etwas Unmenschliches.

Ja, es hat etwas Unmenschliches. Ich kenne Fälle, ich kenne Menschen, die tatsächlich diese Eigenschaft haben, die wirklich alle Menschen lieben, die die Menschheit lieben, aber keinen einzigen Menschen. Sie können ganz toll schreiben und die Welt diagnostizieren, aber naja ... Das ist auch ein ödes Leben, würde ich sagen, und – zurück zu Ihrer Frage – ein sehr einsames Leben. Solche Menschen würden sagen: Ja, ich habe meinen Gott, ich bin nicht einsam, ich habe meinen Gott. Oder: Jesus ist mit mir, ich bin nicht einsam. In einem – wie soll ich sagen – sehr erhobenen Sinn sind sie nicht einsam. Vielleicht sind sie zufrieden, aber das ist etwas anderes, als nicht einsam zu sein. Ich meine, ich kann mit meiner Einsamkeit, mit meiner Isolation zufrieden sein, wenn ich meinen Gott immer in meiner Nähe habe. Es gibt doch Menschen – ich achte besonders darauf, weil ich es nicht kann – die wirklich für ganz lange Zeit allein sein können und nicht darunter leiden. Ich gebe zu, ich kann das nicht, und ich glaube, ich bewerte diese Unfähigkeit, lange Zeit alleine zu sein, als einen Fehler. Ich finde es schade. Ich beneide Leute, die das können, aber dazu muß man sofort sagen, daß Neid wirklich nicht nur nutzlos ist, sondern tatsächlich schädlich. Wenn man jemand beneidet und dann tatsächlich das bekommt, worauf man neidisch war, dann sieht man, daß das in tausend Probleme eingepackt ist, die man vorher nicht kannte.

Ich habe das auch einmal beneidet, aber ich beneide es nicht mehr, dieses Alleinseinkönnen. Ich betrachte es heute nur als eine andere Lebensform, nicht besser und nicht schlechter. Ich weiß, ich mache bestimmte Erfahrungen nicht, die jemand macht, der einfach allein in die Natur geht und da sehr lange bleibt. Dafür mache ich andere Erfahrungen. Es ist auch eine Form von Entscheidung. Letztlich denke ich, daß ich es nicht tue, weil ich es eigentlich tief im Innern gar nicht will. Das bin ich nicht ich. Diejenige, die allein tagelang irgendwo durch die Wälder geht, das bin nicht ich.

Das führt uns wieder zurück zu SEIN und TUN. Sie sagen: „Das bin nicht ich", das ist eine wichtige Aussage!

Ich bin es auch nicht, wenn ich es tue.

O ja.

Das ist, glaube ich, das Wichtige dabei.

Ich habe manchmal die Phantasie – das ist auch so, wie andere Völker zu idealisieren – wenn ich mich zwingen würde, einen Monat in der Wildnis, irgendwo in Colorado zu leben, wenn ich das einmal schaffen würde, dann hätte ich etwas Tiefes über mich selbst gelernt, und zwar für immer und ewig. Ich glaube, das ist auch eine Idealisierung, es stimmt gar nicht. Ich kann mir gut vorstellen, irgendwie habe ich mich gezwungen, es einen Monat zu tun, und wenn ich dann nach diesem Monat zurückkomme, sage ich zu mir selbst: Mein Gott, nie wieder! Das werde ich nie wieder machen!

Man hat sich gar nicht neu erfahren, weil man sich die ganze Zeit nur auf die selbstgestellte Aufgabe konzentriert hat und nicht offen war für das, was sich vielleicht ereignet hat.

Das unterstreicht, daß es keine einfachen Methoden gibt, die einen verwandeln. „Ich muß nur das machen" – ich betone „nur" – „und wenn ich das gemacht habe, dann bin ich ein besserer Mensch." Nein, so funktioniert es nicht. Ich denke auch an das Beten. Es wird gesagt, daß Beten einen Menschen befreien kann oder daß es einen Menschen fähig machen kann, seine Last froh zu tragen. Was ist das – beten? Was ist damit gemeint? Ganz sicher ist damit nicht gemeint, daß man sich abends, bevor man schlafen geht, vor sein Bett kniet und ein Vaterunser sagt. Nein, so leicht ist es nicht. Beten ist eine Art Meditation, und Meditation bedeutet auch nicht, einfach die Augen zu schließen und an nichts zu denken. Hier haben wir, denke ich, ein Beispiel für den Satz von Niels Bohr, daß bei einer sehr tiefen Wahrheit auch das Gegenteil wahr ist. Ich glaube wirklich, daß es kein Unsinn ist, wenn ich sage, es ist nicht so einfach, es gibt keine einfachen Methoden, aber das Gegenteil ist auch wahr. Denn wenn man es einmal gemeistert und verinnerlicht hat, stellt sich heraus, daß zum Beispiel beten doch einfach ist. Es ist nichts Komplexes, es ist etwas ganz Einfaches. Es ist schwer, es zu lernen, es ist schwer, es zu verinnerlichen – das schon, und es ist nicht einfach, so weit zu kommen, aber letztendlich ist es einfach. Man kann sagen, nichts ist leichter. Ich will da nicht mißverstanden werden, es ist nicht wie zum Beispiel das Alphabet auswendig zu sagen – wenn man es einmal gelernt hat, dann kann man es. Das meine ich nicht, nein, das meine ich überhaupt nicht.

Ich denke hier an die Mathematik. Der Mathematiker – so habe ich einmal gelesen oder vielleicht habe ich es sogar selbst gesagt, ich weiß es nicht mehr – ist wie ein Taxifahrer in einer großen Stadt, zum Beispiel in London. Er kennt die Stadt wirklich. Und wenn man irgendeine Ecke erwähnt, weiß er, wo sie ist. O.K., das könnte man ja auswendig lernen, aber der Taxifahrer weiß auch, wie man von hier nach dort kommt, und daß es vielleicht notwendig ist, zuerst in eine ganz andere Richtung zu fahren. Er weiß, wo eine Umleitung ist und wo man nur fahren darf, wenn es nicht regnet. Er weiß all das, er hat es in seinem Kopf, er kennt die Stadt. Ein Mathematiker kennt einen gewissen Teil der Gesamtheit der Mathematik und weiß, wie darin „herumzugehen" ist. Er kennt die Umleitungen und alles andere. Der Begriff Einfachheit spielt eine sehr große Rolle in der Naturwissenschaft überhaupt, vor allem in der Mathematik. Begriffe wie „elegant", „einfach"„ spielen eine große Rolle. Wir haben zwei Theorien, die dasselbe erklären. Warum wählen wir die eine und nicht die andere? Das hat sehr oft mit Einfachheit zu tun: Diese Theorie ist einfacher als die andere. Wenn man einmal so ein Riesenterritorium wie zum Beispiel eine Ecke der Mathematik verstanden hat, richtig verstanden hat, dann kommt auch das Adjektiv „einfach" ins Spiel. Jetzt stelle ich mir zwei ältere Mathematiker vor, die schon sehr viel Erfahrung haben, und einer sagt zum anderen: „Ja, das ist doch ganz einfach, dieser Raum und jener Raum ..." Sie sagen das zueinander, sie meinen ganz bestimmt nicht: „Gib mir eine Stunde oder ein Semester mit einem Studenten, das ist doch so einfach, das kann ich ihm ohne weiteres beibringen." Nein, es ist sehr kompliziert, dort hinzukommen und das alles zu erkennen, aber wenn man dort angelangt ist, dann ist es einfach.

Man kann sich nicht den Weg ersparen, den Weg zu dem Punkt hin, von dem aus es dann einfach ist. Und dieser Weg ist meistens eben nicht einfach.

Es ist ein Paradox. Das ist es, und jetzt sind wir in einem Gebiet, wo man sich nur auf Niels Bohr verlassen kann.

Wenn ich heute in alten Notizbücher von mir lese, in denen ich Ideen aufgeschrieben habe, dann passiert es manchmal, daß ich vollkommen überrascht darüber bin, daß ich das, was dort steht, schon vor zehn Jahren gewußt habe. Dann überlege ich, rekonstruiere und frage: Warum habe ich das wieder vergessen, wenn ich es doch einmal gewußt habe? Oder ich stoße darin auf eine vermeintlich gerade gewonnene Einsicht, von der ich dachte, sie wäre ganz neu für mich. Dabei habe ich sie schon vor zehn Jahren gehabt, aber sie war zwischenzeitlich weg.

Da muß ich an meine Tochter Naomi denken, die manchmal zu mir gekommen ist und gesagt hat, sie habe in Tagebüchern aus der Zeit gelesen, wo sie zwölf Jahre alt war. Sie sei eben gerade auf etwas gekommen, was da drinsteht und findet das äußerst traurig: „Mein Gott, ich habe überhaupt nichts gelernt! Das habe ich doch schon damals gewußt, und jetzt dachte ich, es sei so eine neue Einsicht." Es ist eben nicht der Fall, daß wir Menschen so einen Computerspeicher haben, wo alles drinbleibt, was einmal hineingesteckt wurde. Oder denken wir an eine CD, eine Compact Disc. Was da „aufgeschrieben" ist, bleibt. So ist es aber nicht mit uns. Außerdem kann es sein, daß Naomi so etwas aufgeschrieben und fünf Jahre später wieder gelesen hat und völlig darüber hinweggegangen ist, ohne darauf zu reagieren. Und dann acht Jahre später, wenn diese Einsicht wiederkommt ... Nein, sie kommt ja nicht wieder, die Worte sind dieselben, der Begriff scheint derselbe zu sein, aber heute mit einem ganz anderen Gewicht. Auf einmal sieht man eine Bedeutung, die man früher nicht gesehen hat.

Das ist wie mit manchen Büchern. Wenn man Dostojewski vor zehn Jahren gelesen hat und ihn heute wieder liest, entdeckt man Dinge, die man damals nicht gesehen hat.

Man ist eben eine andere Person. Wir sind alle – das habe ich schon einmal in diesem Gespräch gesagt – das Ergebnis unserer Lebensgeschichte. Und wenn man Dostojewski das zweite Mal liest, hat man eine andere Lebensgeschichte als das erste Mal. Zum Beispiel, man hat Dostojewski gelesen! Wie die Griechen einmal gesagt haben: Man kann nicht zweimal in denselben Fluß steigen.

Ein „erstes Mal" ist nicht wiederholbar.

Ich weiß nicht, wie oft es mir passiert ist – ich meine jetzt nicht hundertmal, aber vielleicht sechsmal oder achtmal oder so – daß ich auf einmal etwas verstehe, richtig und tief, und es ist äußerst einfach, äußerst einfach. Und ich weiß auch, daß ich das schon öfters gesagt habe. Fast ein Paradebeispiel dafür ist das folgende: Ich habe ein Buch geschrieben, auf englisch „Computer Power and Human Reason", auf deutsch heißt es „Die Macht der Computer und die Ohnmacht der Vernunft". Wenige Jahre später wurde meiner Tochter Naomi im College die Hausaufgabe gegeben, das Buch zu lesen. Sie hat es gelesen, und ich habe jetzt vergessen, ob sie mir einen tollen Brief geschrieben hat – ich glaube, das war's – oder ob sie mich angerufen hat. Ich glaube, es war ein Brief, in dem sie mir sagte, sie sei endlich dazu gekommen, mein Buch zu lesen, weil es eine Schulaufgabe war. Sie fände es sehr gut, und sie würde mir dringend empfehlen, es auch zu lesen. Dringend empfiehlt sie es mir! Naja, was sollte ich da denken? Ich habe es ja geschrieben. Was meint sie damit, ich soll es auch lesen? Wie ich mich erinnere, schreibt sie dann, sie habe sich gefragt, mit wem ich da streite. Wer ist sozusagen mein Streitpartner in diesem Buch? Es ist offensichtlich, daß es ist die Künstliche Intelligenz-Elite in Amerika ist, mit der ich mich streite. Und worin besteht der Streit?

Ganz grundsätzlich, ganz fundamental, was für ein Streit ist es? Der Streit besteht darin, so könnte man sagen, daß ich denke, die Welt ist nicht binär, also nicht nur 0 und 1. Ich glaube nicht, daß alles in große Ketten von 0 und 1 zerlegt werden kann. Ich glaube nicht, daß die Welt so ist. „Und wer", fragt sie mich, „wer glaubt, daß die Welt so ist?" Sie meinte nicht, wer das seine Studenten lehrt, sondern wer das in seinem eigenen Leben glaubt. „Das bist du, lieber Vater. Du bist dein eigener Streitpartner, du streitest gegen dich selbst. Und jetzt mußt du mal lesen, was du da schreibst, was da gegen dich geschrieben ist, gegen deine Haltung, daß die Welt doch nur 0 und 1 ist." Das war eine gute Einsicht von ihrer Seite. Was sie meinte, ist zum Beispiel, daß ich sofort denke, wenn meine Frau mit mir wütend ist: jetzt sehe ich die Wahrheit, sie ist immer wütend mit mir, sie haßt mich, sie mag mich nicht. Und wenn sie lieb ist, dann vergesse ich, daß sie manchmal wütend ist. Was ich nicht erkannt habe, ist, daß die beiden Dinge nebeneinander in dieser Welt leben, daß es nicht eins oder das andere ist, daß eins das andere nicht ausschließt. Die ganze Welt ist so, daß sehr selten ein Gegensatz den ersten Satz völlig ausschließt. Hier ist eine Einsicht, die ich hatte, und auf die ich ein Buch gegründet habe. Ich konnte viel darüber schreiben und konnte auch viele Leute von dieser Wahrheit überzeugen, aber ich habe es selbst nicht gewußt, obwohl ich es geschrieben habe. Das bedeutet, ich habe es nicht erkannt oder ich habe die Tiefe nicht erkannt. Und ich glaube, daß Autoren öfters diesen Bonus bekommen. Man sagt, es sei ihr Verdienst, daß gerade sie es gefunden haben, daß sie es so schön ausdrücken können. Und ich glaube, öfters ist das überhaupt nicht verdient. Daß sie es geschrieben haben, bedeutet überhaupt nicht, daß sie es kennen oder daß sie es in der ganzen Tiefe erkennen. Wir haben ja dieses Phänomen, daß Autoren wie Engel schreiben, und wenn man sie trifft, sieht man, daß sie sehr böse Menschen sind. Und da fragt man sich, wie kann das sein? Und es kann sein, daß eine Erklärung dafür eben ist, daß sie ihre eigenen Sachen nie gelesen haben, in dem Sinn, in dem Naomi es meinte.

Zurück in die Zukunft?

Eugen Drewermann
Die Spirale der Angst
Der Krieg und das Christentum
Mit vier Reden gegen den Krieg am Golf
Band 4003
Ein Buch für eine neue Qualität des Zusammenlebens.

Tüchtig oder tot
Die Entsorgung des Leidens
Herausgegeben von Jürgen-Peter Stössel
Band 4012
Wer nur auf die Effektivität des Menschen setzt, grenzt nicht-leistungsfähiges Leben aus. Die Konsequenz ist ebenso brutal wie brisant.

Friedhelm Hengsbach
Wirtschaftsethik
Aufbruch – Konflikte – Perspektiven
Band 4013
Probleme, die jeden angehen: Hengsbach setzt die Eckpfeiler einer verantwortlichen Neuorientierung.

Stephan H. Pfürtner
Fundamentalismus
Die Flucht ins Radikale
Band 4031
Eine glänzende Analyse – von den Fußball-Hooligans bis zum religiösen Fanatismus.

Eugen Drewermann
Der tödliche Fortschritt
Von der Zerstörung der Erde und des Menschen im Erbe des Christentums
Band 4032
Eine erschreckende Bilanz – zugleich ein Plädoyer für ein neues Menschenbild.

HERDER / SPEKTRUM

Dieter Oberndörfer
Die offene Republik
Zur Zukunft Deutschlands und Europas
Band 4034
Oberndörfer zeigt, wie es weitergehen kann. „Notwendig und überfällig" (Heiner Geißler).

Gerd Michelsen
Unsere Umwelt ist zu retten
Was ich gewinne, wenn ich mein Verhalten ändere
Band 4035
Es ist fünf vor zwölf. Aber wenn sich individuelles und politisches Engagement verschränken, gibt es noch Chancen für die Umwelt.

Karlheinz Weißmann
Druiden, Goden, Weise Frauen
Zurück zu Europas alten Göttern
Band 4045
Sind die neuen Heiden im Kommen? Fakten und Trends.

Carl Friedrich von Weizsäcker
Die Sterne sind glühende Gaskugeln und Gott ist gegenwärtig
Über Religion und Naturwissenschaft
Band 4077
Ein Buch, das mit uralten Mißverständnissen aufräumt und einen radikalen Bewußtseinswandel fordert.

Scientology – der Griff nach Macht und Geld
Selbstbefreiung als Geschäft
Herausgegeben von Friederike Valentin und Horand Knaup
Band 4109
Praktiken und Programm eines weltweit vernetzten Wirtschaftsgiganten, der sich als Heilsbringer tarnt.

HERDER / SPEKTRUM

Erwin K. und Ute Scheuch
USA – ein maroder Gigant?
Amerika besser verstehen
Band 4135

Das Panorama eines einzigartigen, widersprüchlichen Kontinents: „Die Ausgangsbasis für heutige Amerikaentdecker" (Neue Zeit).

Franz Xaver Kaufmann
Der Ruf nach Verantwortung
Risiken und Ethik in einer unüberschaubaren Welt
Band 4138

Wegweisende Lösungen für das Schlüsselproblem unserer Zeit.

Richard Schröder
Deutschland schwierig Vaterland
Für eine neue politische Kultur
Band 4160

Warum uns die Einheit zu schaffen macht: Wege aus Verliererfrust und Siegesdünkel. Der bestechende Entwurf für eine solidarische Republik.

Cecily Saunders
Hospiz und Begleitung im Schmerz
Wie wir sinnlose Apparatemedizin und einsames Sterben vermeiden können
Band 4213

Die Gründerin der Hospizbewegung zeigt konkret, wie sich Leiden lindern läßt. Das Handbuch für alle, die Sterbenden hilfreich nahe sein wollen.

Friedrich-Wilhelm Haack
Europas neue Religion
Sekten – Gurus – Satanskult
Band 4221

Haben Kirchen und Gesellschaft versagt? Zunehmend bedienen sich neue Gruppierungen raffinierter psychologischer Methoden, um Menschen in ihren Bann zu ziehen.

HERDER / SPEKTRUM

Neue Chancen für Beziehungen

Saliha Scheinhardt
Drei Zypressen
Erzählungen über türkische Frauen in Deutschland
Band 4080

Koni Nordmann/Heiko Sobel
„Ich kann nicht mehr leben wie ihr Negativen"
AIDS-Zeit
Band 4082

Ein Buch gegen die Verdrängung, das man nicht so schnell vergißt.

Fatema Mernissi
Der politische Harem
Mohammed und die Frauen
Band 4104

„Fesselnd, mit großer Sensibilität, einer Mischung aus Zurückhaltung und Kühnheit geschrieben" (Le Figaro).

Heiko Flottau
Die Bande der Clans
Die arabische Welt besser verstehen
Band 4126

„Flottaus Buch hebt sich wohltuend ab von der Massenproduktion aus den Häusern Konzelmann und Scholl-Latour. Besonders verdienstvoll: Flottau attackiert gängige westliche Vorurteile. Er belegt, was den Orient im Gegensatz zum Abendland menschlich und spirituell reicher macht" (Süddeutsche Zeitung).

Thea Bauriedl
Wege aus der Gewalt
Analyse von Beziehungen
Band 4129

„Es genügt nicht mehr, sich in der eigenen Gruppierung wohlzufühlen, weil man weiß, daß die Schläger und Brandschatzer die anderen sind. Es geht darum, mit den anderen Kontakt aufzunehmen" (Thea Bauriedl in: Psychologie heute).

HERDER / SPEKTRUM

Fremd in einem kalten Land
Ausländer in Deutschland
Herausgegeben von Namo Aziz
Band 4130
Erfahrungsberichte deutscher und ausländischer Autoren wider die Fremdenfeindlichkeit made in Germany.

Micha Hilgers
Total abgefahren
Psychoanalyse des Autofahrens
Band 4133
Spritgefühle und gestaute Emotionen: „Für Otto-Normal-Fahrer ein lesenswerter Einstieg in die Eigentherapie“ (fairkehr).

Gisela Steineckert
Aus der Reihe tanzen
Ach Mama! Ach Tochter!
Band 4147
Gisela Steineckert spürt der besonderen Beziehung von Frauen nach. Ein engagiertes Stück Literatur gegen jede Form von Anpassung.

Klaus Sejkora
Männer unter Druck
Wege aus typisch männlichen Lebenskonflikten
Band 4177
„Machos“ und „Softies“ sind out. Damit nicht auch „der neue Mann“ in Streß, Konkurrenzdruck und Ehekrise untergeht: Sejkora lesen!

Sylvia Curruca
Als Frau im Bauch der Wissenschaft
Was an deutschen Universitäten gespielt wird
Band 4180
Kungeleien, Kommissionen, Karrieren: Was frau im männerbesetzten Hochschulalltag so alles erleben kann. Die bissige Abrechnung mit einem zweifelhaften System, frech und wahr.

HERDER / SPEKTRUM

Linus Reichlin
Vom Verstecken eines Gastes
Band 4185

Ein kurdischer Teppichweber auf der Flucht in die Schweiz. Engagierte Bürger nehmen ihn auf. Doch: Nicht der Gast wird zum Problem, sondern sie selbst.

Evelyne Buchmann
Mein Sohn – ein Fixer
Erlebnisbericht einer frustrierten Drogenmutter
Band 4201

Es genügt nicht, Fixer als „arme Opfer" zu bedauern und die Beschaffung des Rauschgifts zu erleichtern. Dadurch kommt keiner von seiner Sucht los.

Wulf-Volker Lindner
Die Angst vor dem Fremden
Die Kultur des Hasses überwinden
Band 4203

Als Touristen fasziniert und ausländische Exotik, als Staatsbürger fühlen wir uns durch sie bedroht. Wie gehen wir um mit dem, was uns fremd ist?

Samuel Osherson
Männer entdecken ihre Väter
Die ersehnte Begegnung
Band 4207

Männer brauchen Väter als Orientierung für ihr eigenes „Mannsein". Eine Wahrheit, die immer mehr ins Zentrum rückt.

Irene Johns
Zeit alleine heilt nicht
Was wir wissen müssen, um sexuell mißhandelten Kindern zu helfen
Band 4216

Das Kind darf mit seiner tiefen Verletzung nicht alleine bleiben. Irene Johns, Leiterin des Kinderschutzzentrums in Kiel, zeigt, wie richtiges Reagieren möglich ist.

HERDER / SPEKTRUM